データサイエンティストの育て方

斉藤 史朗 著

海 文 堂

目次

はじめに

本書の読者として私がまず第一に想定したのは、社内でデータ分析を行う部署の管理職を務めていたり、あるいは「これからＡＩ部門を作るから」と言われて、その部署の管理職に内定したような人々です。こうしたみなさんは、自らデータサイエンティストとして仕事をしている、あるいはしてきた人たちとは異なり、そういう立場につくのはご本人の意思では、多分、ないでしょう。入り口では「他人任せ」であったみなさんは、このとりわけ動きの激しい時代において、とても難しい、そしてとても重要な役割を担うことになります。

今、世の中ではデータサイエンスやＡＩは、いわばブームとも言える活況を呈しています。ですから、詳しいことはわからなくても、「我が社でもＡＩやれ」とか、「社内にいくらでもビッグデータがあるだろう。すぐにデータサイエンスをやって業績を伸ばせ」と言う経営者の方々もいらっしゃれば、実際にＡＩやデータサイエンスを活用して、華々しい業績をあげている新興の会社も数えきれないほど生まれています。

しかし、実際にみなさんが経験されていることは、ＡＩやデータサイエンスをやれと言われたからデータサイエンスのできる人を集めようとしたけど、なかなか集まらない。また、せっかく採用したのに1年も経たずにやめていく人が続出する。さらには、データサイエンティストを採用したものの、部署全体として機能しておらず、大した実績を上げることができていない、などの数々の困難なのではないでしょうか。

少し、比喩的なお話をさせてください。

今の状況は、動物園であれば、「パンダは客が集まるんだって？　だったらパンダを買って来い！」というオーナーの号令一下、なんとかパンダを手に入れたものの、「パンダって熊猫っていうくらいだから、「熊舎」に入れておけ」、あるいは、「パンダって、シロクマに黒く色を塗ったようなものだろ。シロクマ舎に入れておけ」ということで、パンダの生態を考えもせずに飼育して、殺してしまっているようなものだと思います。(データサイエンティストの場合、「死ぬ」のではなくて、「やめる」のですが。)

データサイエンスがこれからの世の中にとって、とても重要であることは確かです。また、だからこそ、データ

ボク、パンダ。君は？

サイエンティストも重要です。しかし、そこで思考が止まっていないでしょうか？　データサイエンティストをいくら集めても、集まっただけでは何事かを成し遂げることはできません。彼ら・彼女らに何かをしてもらうには、それにふさわしい環境を整え、また、彼ら・彼女らに仕事をする意欲を芽生えさせ、そして仕事を完遂するようにうまく誘導していく必要があります。

この役割は、彼らデータサイエンティストにはできません。パンダはいくら人気者であっても、自分が暮らしやすいパンダ舎を「要求」することはできません。

彼ら・彼女らが存分に実力を発揮するためには、ふさわしいマネジメントが必要なのです。そして、その重要な役目を担うのがみなさんなのです。

次に私の脳裏に浮かぶ、本書を手に取ってくださる人というのは、データサイエンスとかＡＩというものが、どういうものなのかを知りたい、これからの社会はデータサイエンスやＡＩが重要だと言われていて、自分は専門的に勉強するつもりはないのだけれど、これからの世の中がどうなっていくのかが知りたい、そういうことを考えてみたい、という方々です。

本書には幸か不幸か、「データサイエンス」を名乗っている割には、数式は一つも出てきません。しかし、データサイエンスというものが、どういうものなのかについては語っているつもりです。とりわけ、データサイエンティストという、データサイエンスに携わる「人」の側面から、データサイエンスの特徴、そして彼ら・彼女らが作っていく未来、新しい社会について述べています。

シンギュラリティだの２０４８年問題だのと言われ、科学の発達、とりわけデータサイエンスやＡＩの発展が人間から仕事を奪うのではないかとか、ＡＩが人間を支配するのではないかという不安をあおるイメージは、いまだに払拭しきれずに、そこかしこに潜んでいるようです。

　他方で、この激動の時代を乗り切り、新たなイノベーションを起こすには、データサイエンスやＡＩの力が不可欠であると言う人もいます。しかし、２０４８年というのは、あと30年もない未来です。本書をお読みの多くの方々もその頃まで生きていらっしゃると思います。そんな近い未来は、空の向こうからやってくるのではなく、今、ここにいる人たちが作っていく未来です。その未来を生きるのは、見たこともないような人たちではなく、今、あなたの周りにいる人々です。

　どんな人たちが、どんな未来を作っていくのでしょうか。それは本当に人間から仕事を奪い、人間を支配するような社会なのでしょうか。それを明らかにするためには、未来を作っていく彼ら・彼女

我が社の精鋭チームをご紹介します。

らがどういう人なのかを知ることから始めるのが良いと思います。あなたの周りのどこにいる、どんな人たちなのでしょう？　本書では、その姿を詳しく描いています。あなたは、彼ら・彼女らの作る、その新しい社会のどこにいて、何をどうすることになるのかを想像してみてください。

本書を手に取ってくださる人の3番目として私が思い浮かべるのは、データサイエンティストご自身です。「私たちを動物に喩えるなんて、失礼だな」とお感じかもしれません。私もデータサイエンスといいますかデータ分析をやってきましたので、自分自身もデータサイエンティストと言えるとは思います。しかし、データサイエンティストとしてのレベルはそんなに高いものではありません。すごいデータサイエンティストというのを、たくさん見てきましたので、自分が彼ら・彼女らと比べてどれくらいなのかということはわかっているつもりです。

彼ら草原の百獣の王だったり、南の島の宝石だったり、あるいは深海の大王だったりと比べると、私はこども動物園で愛想をふりまくモルモットか、いまや誰も見向きもしないキジくらいのものでしょう。しかし、私は同時に「猛獣使い」でもありました。彼ら・彼女ら、大変大きな価値を生み出すけれども、とても扱いが難しい、希少生物とも言える人たちとチームを組み、お客様との交渉を担当し、プロジェクトを進行させてゴールにたどり着いて来ました。そんな中で知り合った多くのデータサイエンティストが、本書の素材を与えてくれたのです。

「データサイエンティストを動物に喩えるなんて、失礼かつ不謹慎である」とおっしゃる方もいるかと思えば、他方では、彼ら・彼女らを「猛獣」と呼び、自らを「猛獣使い」と名乗られる方もいます。もう、これは受け止め方の問題で、とやかく言うこともできないので、「はい。バカにしたり、貶めたりする意図はないのですが、失礼とお感じの方がいらっしゃったら、申し訳ありません」と、あらかじめ謝っておきます。しかし、もしそれを超えて読み進んでいただければ、興味深い話となっているのではないかと思います。

本書を手に取ってくださったデータサイエンティストの方は、その記述の中にご自分やお隣にいるデータサイエンティストの姿を探してみるのも良いでしょうし、自分たちの対面にいる、マネジメントを行う人たちが何をどう考えているのかを知ることもできるでしょう。でも、この内容に「そうそう、そうなんだよねえ」と同意いただけたら、あなたをマネジメントする立場の人に本書をお薦めいただくのが一番良いかもしれません。（それが、みなさんの働く環境を改善する一助となることを切望しております。）

本書を手にとってくださる最後の候補が、これからデータサイエンティストになろうと考えている学生、あるいはキャリア・チェンジを考えていらっしゃる方々です。

残念ながら本書には、何を勉強したらデータサイエンティストになれるとか、より具体的に、エントリー・シートに何を書いたらデータサイエンティストとして採用してもらえるか、なんてことは書かれていません。その代わりに、みなさんの先輩と言える人たちが、どんな人たちなのか、ヴァリエーション豊かに描いています。

　データサイエンティストになるということは、そういう人たちの仲間になるのだということを認識しておいてください。世の中には、データサイエンスに関する本は、それこそ山のようにありますし、その中には先ほど述べたような、就職の方法について書いた本もあるようですが、データサイエンティストがどんな人なのかを書いた本は寡聞にして、他にはないようです。

　しかし、これから就職する世界に、どんな人がいるのか、知っておきたいとは思いませんか？　その上で、自分が働くとしたら、どんな環境が良いのか考えてみてください。そうすれば、どういう会社に就職すれば良いのかを見極める、みなさんそれぞれなりの見方を得ることができるでしょう。

　一言でいえば、重要なのは「生物多様性」です。これまでの日本の会社は、犬ぞりの定期便みたいなものなのです。行き先は決まっているし、運ぶ荷物も決まっている。働く人は、犬ぞりを引く犬のようにチームを組んで、リーダー犬の命令に従って、黙々と走るだけです。そして犬ぞりを運転する人は、犬たちが整然と隊列を組んで、交代しながら走り続けるように叱咤・激励し、細かいことはリーダー犬に指示を出せばよかったのです。

　しかし、本文でも詳しく書きますが、データサイエンスで価値を生み出すことというのは、いわば動物園なのです。数多くの希少生物たちの、それぞれの魅力をあますことなく見せることが重要です。動物園に1種類の動物しかいなかったら、お客さんは来ませんよね。また、それぞれの動物の見せ方がみんな同じでも人気は出ません。それぞれが違っているからこそ、魅力が生まれるのです。

同じようにデータサイエンスの組織も、様々な人たちが、それぞれの能力を発揮できるようになっていることが望ましいですし、そうしたところが働きやすいです。ですので、会社を見極める際には、その会社にどれくらい多様な人材がいるのかに注意してみてください。女性比率はどうでしょう？海外でも女性のデータサイエンティスト比率はまだ小さく、せいぜい3割弱というところでしょうか。日本ではだいたい1割強くらいかと思われます。女性データサイエンティストの多い会社というのは、過ごしやすい可能性が高いです。

また、外国人の比率にも注目してください。同じものを見ても聞いても、人によってその受け止め方は違いますし、その違いが豊かな価値を生み出します。その意味で外国人（こういう言い方もどこかしっくりきませんが、いまだに一般的な用語なので、そのままにします）の存在は大きいです。私たち日本人が「当たり前」と思っていることが、彼ら・彼女らには決して「当たり前」ではないことが多いからです。

「当たり前」ということで言えば、障害者雇用の比率も重要です。私たちの「当たり前」は、障害を持った人にとっても決して当たり前ではなく、場合によっては死活問題だったりします。そんな彼ら・彼女らは、私たちには見えていない視角からデータやビジネスを見ることができることも多いのです。

さらにこれは、なんとか率みたいに数字にされることはないでしょうが、ＬＧＢＴの視点でも社員の方々を見てみると良いと思います。性別を横断する人は、とても新鮮な視点で事態を見ることが多いです。優れたマーケッターやデザイナーの多くにＬＧＢＴを公言されている人が多いのも、そうした側面が大きく影響しているのではないかと思います。

就職しようと考えている会社を訪問することがあったら、その会社が服装とか内装とか、そういうところで、「男とか女とか、あるいはＬＧＢＴなど関係ない、自由な雰囲気であるかどうか」を確認してみましょう。希少生物であるデータサイエンティストは何よりも「自由」が必要なのです。そんなことを言うと、「学生でもあるまいし。社会人となるのに「自由」だなんて、何を言い出すのか」とお叱りを受けるかもしれません。しかし、「自由」から価値を引き出すのが、マネジメントの最も重要な役割なのだと私は思います。ですから、これからデータサイエンティストとして就職を考えるみなさんは、「自由」という点を大事にしてください。最初から「自由」を放棄して、管理だけを行っている会社であれば就職しない方が良いかもしれません。そして、そういうことは、その会社が何を目指しているとか、創業の理念とか、あるいは直近3年間の売り上げなどには表れずに、オフィスやそこで働いている人に、はっきりと表れるものなので、ぜひ、そういうところを見てきて欲しいです。

最後に、以上のどれにも当てはまらなかった方、そうは言っても、何かのご縁です。それなりに面白く書いたつもりなので、最後までお読みいただければ幸いです。

次の第1章では、データサイエンティストの具体的な姿に迫る前に、データサイエンスやそれを生み出した今の世の中についてお話しします。

第1章　今はどういう時代なのか

私がこと改めて言うまでもなく、本書をお読みのみなさんは、データサイエンスがビジネスにおいて今、非常に重要なものとなっていることをご存じだと思います。ただ、次のように感じている方もいるかもしれません。「データサイエンスが重要なことはわかる。だから、この波に乗って、売れるものを売れば良いんでしょう？ でも、今はデータサイエンスよりもＡＩなんじゃないの？」と。確かに振り返ってみれば、ひと昔前は「ＣＲＭ」と言っては大騒ぎして、その後、ビッグデータとデータサイエンスと言い出したかと思えば、しばらくすると代わりにＡＩが世を席巻して、ＡＩに仕事を奪われるのではないかと心配したものの、意外とＡＩって大したことないなんて言う人の方が多くなって、最近はまたデータサイエンスが注目されているという具合で、目まぐるしい状況です。こうしたワードの栄枯盛衰を振り返って、「やれＣＲＭだＤＷＨだと言っては高いデータベースを買わされたよなあ」という思いをしている方もいるかもしれません。そういう方にとっては、ＣＲＭソリューションと言ってＤＷＨを売っていたのが、今度はデータサイエンスと囃し立ててクラウドを売るようになっただけなのではないかと感じられるかもしれません。

いわゆるBuzzwordというのは、それこそ流行り・すたりですから、次から次へと出てきて、それにうまく乗っかって商売をする方々も多くいたわけで、作っては壊す道路工事ではないですが、それで景気が良くなったりするなら、あながち無駄とも言えないのではないかと思います。では、このデータサイエンスもそうしたワードの一つなのでしょうか？

データサイエンスという言葉が、こうした流行と全く関係がないとまでは言いません。しかし、重要なことは、データサイエンスという言葉を流行らせた背景にある「ビジネスがデータによって左右されるようになる」ということだと思われます。Buzzword としての「データサイエンス」が「ＡＩ」に取って変わられようが、あるいは「ＡＩ」からさらに別の言葉が流行ろうが、そうした流行には関係なく、データ中心の社会が到来しつつあるということは確実です。この辺りの事情については、安宅和人さんの発言が非常に重要だと思いますので、詳しくはそちらを参照してください（『シン・ニホン』、ＮｅｗｓＰｉｃｋｓパブリッシング、２０２０年 など）。

データサイエンスという言葉がもてはやされるようになったのは、２０１２年の暮れに「データサイエンティストは21世紀で一番セクシーな職業である」と言われてからなんだろうと思いますが、その頃からずっと、データサイエンティストの人材不足が言われ続けているように思います。２０１２—２０１３年の頃にはそれこそ、「日本にはデータサイエンティストが１０００人しかいない」と言われることもあって、当時勤めていた会社には40—50名のデータサイエンティスト（昔ながらのデータ分析者でしたが、データサイエンティストと言うなら言えるでしょう）がいたので、日本のデータサイエンティストの5％はうちの会社にいるんだ、と思ったくらいのものでした。

しかし今では、１００名を超えるデータサイエンティストを抱える会社も、そこここにあります。まさに時代が変わったというところですが、２０１８年と２０１９年の間の変化は、人数が増えたという量的なものを超えて、質的なものだったと思われます。

要するにそれまでは、データサイエンティストの人材不足と言われていても、それは多分に机上の空論といいますか、蜃気楼といいますか、その人材不足は、対面に具体的成果というものを伴っていなかったと思うのです。どういうことかを説明しましょう。

２０１８年の10月にデータサイエンティスト協会は第5回のシンポジウムを開催して、その中の企画として、「Kaggle Masterたちの饗宴」というパネルディスカッションを行いました。私はそのモデレーターとして登壇したのですが、出演者との事前打ち合わせを行う中で、とても面白い発言に出会いました。

Kaggle Masterであるthreecourseさんがおっしゃるには、世の中ではデータサイエンティストが不足していると言われているが、そんなのは嘘であると。なぜなら、「本当に不足しているなら、実力のあるデータサイエンティストのところには、大金を積んだスカウトが来るはずだが、自分の周りでそういう話を聞いたことはない」と言うのです。つまり、不足している不足しているといいながら、価格はそんなに上がっていないわけです。本来なら需要が多くなれば価格は上がるはずなのに、大して上がっているわけではないのです。不思議なことです。

この不思議は、パネルディスカッションの中で明らかになります。仕事としてのデータサイエンスについて、出演のお三方の考えをお聞きしている中で、話題が「仕事はお金が大事か、面白さが大事か」という話になったのですが、cash さんは、そういう対立的発想自体がおかしいと言うのです。すなわち、「データサイエンスのような価値ある仕事をしている人間が面白いと思うことには価値があるはずだし、そこに金銭的評価がついてくることはなんらおかしなことではないはずだ。面白いと思うことがお金にもなることになんら矛盾はないのではないか」と。

では、どうしてデータサイエンティストが面白いと思うことに金銭的評価がついてこないのかというと、それはそもそもデータサイエンティストのやっていることに対する評価が低いからではないかという疑問に行き当たります。「モデルを作っている立場からすると、かなり良いものができて、これなら従来の2倍、3倍の効果を上げられるはずだと思っている。ところが、実際にはせいぜい2割増しか、良くて5割増しにしかなっていない。それだと、データサイエンティストに対する評価も上がっていかない」と、かなり本質的な発言がありました。あからさまにそう言ったわけではありませんが、つまるところ、「データサイエンスの価値をビジネスの価値にできていないのではないか」という経営層に対する厳しい批判を意味しているのです。（と同時に、データサイエンスとビジネスを結びつけることのできる貴重な人材をもっと評価するべきだという提言でもあります。）その時には、そうした含意にまで気がついた方は、来場者の中にはあまりいらっしゃらなかったようですが（一部のマネジメント層の方からは、「とても面白かった。我々も頑張らないとね」と、感想をいただきました）、ここに転換期を占う重要な点が明らかになっていると思います。

私たちは、データサイエンスという言葉が世間を賑わすようになって以来ずっと、データサイエンティスト不足にどう対応するのかを課題とし、そこで「実際に手を動かす人」の数をどう増やすかに腐心してきました。しかし、ここで新たな問題として明るみに出たのは、彼ら「手を動かす人」の上にいる管理者や経営層の人々こそ、「どげんかせんないかん」のではないかということなのです。

同じ頃に、データサイエンティストの就職状況にも興味深い現象が現れていました。「足りない、足りない」と言いながら三顧の礼で迎えた新卒社員が、すぐにやめてしまうというのです。その原因として、昨今の若者の傾向だとか、データサイエンティストは売り手市場だから余計に我慢が効かないのだという解釈も行われましたが、少し注意してみてください。この解釈自体が、使用者や管理者の側の勝手な決めつけであって、当事者であるやめてしまった若者の立場、彼ら・彼女らが何をどう感じ、考えていたのかに全く無頓着であるということに。

すぐにやめていった彼ら・彼女らに話を聞く機会がありました。そこで述べられたのは、次のようなことでした。

「『これからの会社の発展のために、データサイエンスが必要だから、ぜひ、君に我が社に来て欲しい』と言われたので、入社を決めました。研究室でもプログラムを書くのは速い方だったし、機械学習もそれなりにできると思っています。Kaggleでも上位入賞したこともありましたし。実務ということでも、アルバイトでネット関係の会社でデータの集計や分析をやっていたので、入社してすぐに、結果を出せると思っていました。でも、何の結果も出せなかったんです。入社初日のオリエンテーションで、会社が何をやっているのかを理解してもらうと言われて、各部署を回るローテーションについて説明があったんですが、それによると、芸人さんの営業みたいに全国の色々な部署を回るのに半年もかかって、具体的にどこかの部署について仕事をするのはそれからだというのです。なんか変だなあと思いながら最初の部署に行ったら、まずは歓迎会だということで誰が誰だかわからない人がいっぱい集まる宴会に出席させられ、自分の自己紹介だけやらされるのに、他の人は、誰が何をやっているのかもわからない。翌朝出社して、仕事について一覧できるような資料があるかと聞けば、仕事はやりながら、先輩のやることを見ながら覚えれば良いと言われて、結局何もわからないからデータサイエンスの使いようもなく、こんなことを半年もやるのか、そのあとだって、こんなところで何ができるんだろうと考え、その間にもあの人や、あの人、コンペやセミナーで知り合った人たちはどんどん成果を出しているんだと思ったら、とてもやっていられなくて、やめました」。

足りない、足りないと言っていた貴重なリソースを、なんと勿体ないことをしているんでしょう！　この人材が貴重だということが理解されていません。口では「足りない」と言いながら、その活用をイメージできておらず、つまり、「本当に必要」とはしていないようです。

その原因の一つは、多くの企業で、データサイエンスやＡＩの活用は、上から言われたからやっているのであって、現場での必要性に基づいているわけではなく、命令した「上」にしても、「世間で話題になっているから」「やらないと遅れるから」という理由によって号令を唱えているだけで、それらの意味を理解し、どう活用すべきかを明確にして指示をしているわけではなかったということではないでしょうか。

経営者や管理者層の無理解という問題は、データサイエンスを使って実際にどのような価値を生み出しているのかという、まさに経営の根幹の部分に明白に表れていると思われます。そして、そのことが明白になったのも、２０１９年頃なのです。データサイエンスの黎明期から社内のデータサイエンス化に梶を切り、積極的に事業にデータサイエンスの活用を図ってきたいくつかのパイオニア企業、いわゆるfirst Adopterたちは、２０１８年頃には、すでに多くの実績を生み出していました。

例えば、キユーピーの有名な事例ですが、離乳食の缶詰に使う材料のジャガイモの検品を画像認識技術を使って機械化することに成功しています。材料の検品は、仕入れのクオリティが上がれば上がるほど、厳しい業務になってしまいます。あまり出てこない不良品を、目をじっと凝らして待って、判別して除去しなければならないわけですから、集中力の維持が非常に大変で、見た目よりも何倍も負荷のかかる作業となっていました。これを機械化することは、仕事を奪うことではなく、現場の負担を軽くすることだったのです。（さらに付け加えると、キユーピーのすごいところは、こうした基盤の部分は業界で共有しようということで、役所と一緒になって基盤技術の横展開を無償で行おうとしているということです。これも、データサイエンスの力がよく理解されているからこその判断なのだと思います。）

コニカミノルタは、元来は写真やコピー機という分野に強みを持っていましたが、デジタル化＝脱紙化の流れの中で、データサイエンス化を大いに推進して新たな事業展開を考えています。その中で早くに実績が出たのが健康・介護の分野です。同社は、それまで蓄積してきたセンサー技術を入居型の介護施設の入居者管理の仕組みに導入しました。その技術を使うことにより、遠隔からでも入居者の状態（寝ているのか、起きているのか、室内を移動しているのかなど）を職員が把握することができるようになりました。また、職員間のコミュニケーションを、スマートホンを媒体にデジタル化することにより、情報の共有が進み、無駄を大きく省くことができるようになりました。そんなこんなの積み重ねで、職員の労働負荷を3割も軽減することができたそうです。また、入居者＝要支援者の移動データから運動能力を推定し、それをモニタリングすることで、いち早い診療につなげ、転倒防止、ひいては骨折から寝たきりになるのを予防できるというのです。

これは正直、すごいことだと思います。日本の国としての財政事情を考えると、医療費・介護費の削減は喫緊の課題で、その解決にデータサイエンスも貢献したいところなのですが、なかなか成功した（削減に貢献した）事例はありません。例えば、生活習慣病については、どういう人が生活習慣病になりやすいかを、健康診断などのデータを使って予測することまでは、存外、簡単にできます。しかし、その予測された人に行動変容を迫って（タバコをやめましょう、お酒をやめましょう、野菜を多く摂って運動しましょうなど）、結果を出す＝それ以上の悪化を抑えることはなかなかに難しいです。行動を変えることができないから、健康を心配されるくらいに具合の悪くなってしまった人たちに、行動を変えさせることは非常に困難だからです。ですから、業務負荷3割減だとか転倒予防という結果を確実に残していることは、非常に貴重な事例ですし、日本の将来を救うタネになるものだと思います。

こうしたデータサイエンスの fisrt Adopter がいる一方で、second Runner の企業では、何かを試みはするのだけれども、POC以上にプロジェクトが進むことはなく、なんら成果を出せていないところが多いようです。その理由はいくつかあると思われます。まず最初に挙げなければならないのは、そうした会社は、流行を追って、「データサイエンスくらいやっておかないといけないから」やるとか、「上から言われたから」やるとか、データサイエンスで何かをやることについて、現場の必然性がない場合が多いということです。データサイエンスをやること自体が目的となってしまっていて、何をやるのかさえ、自前では決められないような場合も見られます。（そこで、「データサイエンスをやりたいのだけれど、何をやったら良いか提案して欲しい」という、不思議な提案依頼が生まれることになります。）

こうした必然性のなさと並んで多いのが、「うちにはデータはいっぱいあるから」と言いながら、データ整備がなされておらず、どこにどういうデータがあるのか不明で、果てはデータがあるにはあるが、全て紙で保管されているなんていう状態です。データサイエンスの前に、データトランスフォーメーションが重要な課題となりますが、ここで言う「トランスフォーメーション」は、実際に「紙」に書いてあることをデジタルにするということと並んで、山のように積まれた紙を、「データである」と言ってしまう人々の考え方、さらには「感じ方」までを変化させることでなくてはいけません。

お金を出せば、紙モノをデータ入力してもらうことはできます。しかし、それをビジネスにどう活用するのかという頭脳（当面はＡＩに取って代わってもらうことのできない、人間にしかできない能力）がなければ、「使えない」という点ではなんら変わりません。真の意味の「デジタルトランスフォーメーション」は、すでに社内資料のデジタル化が完了しているとか、あるいは、そうしたデータを活用するための専門部署（データサイエンス部など）を新設した会社にも必要なのかもしれません。確かに、大事なデータを紙のままで保存しておいて使えない状態を、デジタル化して使えるようにすることは重要です。デジタルトランスフォーメーションの第一歩です。しかし、その活用方法を見出せないでいたら、紙のままで放っておくこととあまり変わりはありません。また、せっかくデータ分析の部署を作ってデータサイエンティストを雇うまでしたのに、彼ら・彼女らにやるべきことを与えられないでいるのも、蓄積したデータを十分に活用できていないという点では同じく問題です。デジタルトランスフォーメーションは、データを活用できるようになって、初めて完成するのです。

データサイエンスを実用化して成果を上げている組織と、全く成果が上がらず、「データサイエンスなんて大したことないよ」と言って自分たちの状況を反省しようとしない組織とは、明確に違っています。全く異なったものとして評価を受けるべき、いわば次元の違う組織なのです。そして、このように、日本の企業・組織が2つに明確に分かれたのが、2018年から2019年にかけてなのだと思います。私はここにデータサイエンスの画期があると見ています。すなわち、この時期に日本のデータサイエンスはフェーズ2を迎えたのです。

フェーズ2の狼煙は新卒の給与の上昇という形で上げられました。ちょうどこの頃にNECやSony、NTT DoCoMoと言った日本を代表する企業が、新卒のデータサイエンティストに、それまでは考えられないような年棒を出すと発表したのです。SonyやDoCoMoだけでなく、かなり古いタイプの企業だと思われていたNECまでもがそうした斬新な人事策を打ち出したということに、重要なヒントが潜んでいると思われます。こうした企業は何も新しいもの好きだからということでこのような判断をしたのではなく、リソースを評価するのに、「どれだけの利益を生み出すことができるのか」という、いわば営利企業として当たり前の基準を使ったに過ぎなかったのだと思います。

2012年暮から始まったデータサイエンスのフェーズ1で、こうした企業はトライ&エラーを繰り返しながら、データサイエンスは確実に利益をもたらすという確信を得たからこそ、新しい価値あるリソースとしてのデータサイエンティストに投資をする決断を行ったのだと思われます。ここから本当の人材不足が始まるわけですから、重要なリソースである人材確保のためには、相応の費用をかけることになんら問題はないわけです。ここに表れているのは、「データサイエンスは本当に価値を生み出せるのか」ということをテストする時期はもう過ぎ去ったということなのです。

喩えるなら、２０１９年の風景とは、街道を自動車が走るようになった風景です。この時点で、自動車と馬車とどちらがＲＯＩが上かなどということを議論しているわけにはいかないのです。こうした大きな節目に当たって、営業のスタイルや仕事のやり方、果ては生き方にまでわたる変化に目をつぶって、今まで通りのことを続けて、違うのは売るものだけというわけにはいかないでしょう。

みなさんの置かれた立場、データサイエンティストをマネジメントするというのは、ご自身ではそんなことを意識していないとしても、事実上は、日本の将来を決める重要な役割、いわば扇の要となっているのです。なぜなら、みなさんがこれまで通りのマネジメントをして、データサイエンティストの活用に失敗すれば、みなさんの会社の将来が危うくなるだけでなく、日本全体でのデータサイエンスの発展が遅れ、ひいては日本の将来が危ういものになってしまうからです。

「そんな大きな責任なんか背負えないよ。俺たち、普通のおじさんだよ」とおっしゃるかもしれません。しかし、新型コロナ・ウィルスに対抗するために必要とされるのは、普通の人たち、それぞれの行動の抑制です。私たち一人一人の行動が、社会全体を守ることにつながっているのです。（逆に言えば、私たちの行動が、社会を破壊することにもつながっている訳です。）

なぜ、ただの中間管理職の仕事のやり方が日本の将来を左右するようになるのか？　これが行政のトップや企業の経営者の話だったらわかるのだけど、と思うかもしれません。それは、今という時代が、まさに「働き方」を変えなければならない、大きな変化の時代だからです。

少し前にＡＩがブームだった頃、二言目に聞かれたのは、「ＡＩが発展すると人間の仕事がなくなってしまうんでしょう?」というようなことでした。こうした疑問には、ＡＩへの過大評価とそれ故の過度な恐怖が潜んでいます。現状のＡＩは、そんなに大したものではありません。人間のポテンシャルの方がまだまだ優れている部分がたくさんあります。確かに、ＡＩの画像診断でがん細胞を発見する技術など、すでに経験を積んだ医師を上回っているというようなものもあります。でも、100メートルを走るのに、オートバイは人間よりもずっと速いということに、「人間の仕事を奪われる」と恐怖する人はいないでしょう。（実際に、「飛脚」という仕事はなくなった訳ですが。）それよりは、オートバイを使って「こういうことができないか」と考えて、「新しい」仕事を始めるでしょう。そして、その「考える」ということは人間本来の活動です。

現在のＡＩのレベルは人間の知的活動の一部を代替することができるに過ぎません。ディープ・ラーニングによる画像認識は、素晴らしいものがあり、人間の視覚能力を超えた部分もあると思います。しかし、乗り越えられたのは、視覚と言う「知覚」の一部なのであり、いわゆるＡＩという言葉で思い浮かべるような「アトム」や「ドラえもん」が行う知的活動、理性のレベルには遠く及ばないのです。ある哲学者は、人間本来の知的活動を行うことのできるＡＩを「強いＡＩ」と呼び、人間の知的活動のごく一部を代替するに過ぎないようなＡＩを「弱いＡＩ」と呼んで区別しました。その言葉を借りれば、今のＡＩのできることは、「弱いＡＩ」止まりなのです。

かと言って、ＡＩの能力を過小評価してもいけないでしょう。どうしてか、ＡＩの能力を語る時には、対する人間の方はその分野のトップの人が相手になります。囲碁なら囲碁で、世界トップレベルの人が相手になります。でも、私のように並べ方からよく分からない人間にとっては、「囲碁ができる」だけですごいことですし、よく言われる、コンピューターは応用がきかないとか、あるいは端的に「気がきかない」ということですが、社内を見渡してみてください。いろんな人がいますよね。こうしてみると、Pepperくんって、意外と気がきいていませんか？

今の社会におけるＡＩと人間との関係は、仕事を取り合うとか、そういうことではなく、人間の弱い部分を「弱いＡＩ」が手助けするというレベルなのだと思います。

「それじゃあ、仕事が奪われるようなことはないんだね」と、妙に安心してはいけません。

なくなる仕事もあるでしょう。今、「働

わたしなんか、まだまだです。

き方」が大きく変わる中で、「仕事」の意味も大きく変わっていくことでしょう。そうした変化の中で、なくなっていくのは「古い形の」仕事なのだと思います。あるいは、どういうことが仕事かという「仕事」の概念が違うものになる中で、新しい仕事の概念に変わった社会では、古い概念で捉えられた仕事は、そもそも存在しない、ということになるのではないでしょうか。

日本語として定着した「ブラック企業」という言葉ですが、時々ネットを賑わすブラック企業ネタを見ていると、以前、そこの社長が優れた企業家として取り上げられたことがある、ということに出くわします。とりわけその手腕が、従業員のモチベーションをどう上げるかとか、どのような人材登用をしているのかなどで評価されることもありますが、こうしたところで取り上げられる社長がよく口にするのが、「人は石垣、人は城」という武田信玄が語ったといわれる言葉です。武田信玄は、大きな城を造らなかったと伝えられています。この言葉は、そうした巨大な建造物としての城があるよりも、信頼できる部下たちによってこそ、国はまもられるという意味です。

「人は石垣、人は城」とまで言い、従業員こそが企業の財産であるというようなことを言っていた社長の会社がブラック企業として告発されるなんて、「社長が聞こえの良いことを言っていただけで、本当は従業員から搾り取ることしか考えていないんだ」なんて声も聞こえてきそうですが、こうした社長たちの発言は、けっして嘘や偽りではないのではないかと思えるのです。

こうした逸話が大好きな社長もまた、大きな自社ビルや、会社で持っている最新鋭の製造機械などではなく、会社のために一丸となって働く社員こそが会社の財産であると思っているのでしょう。そこに、嘘偽りはありません。

しかし他方で、その信頼できる部下たちの「あり方」は「城」や「石垣」です。つまり、この社長が企業の財産であると言っている社員たちは、パーツとして、全体を構成しているからこそ重要なのです。こうしたパーツがうまく全体にはまらなかったり、あるいは全体のあり方に異を唱えるようなことがあれば、即刻そのパーツは捨てられてしまうというわけです。

ですから、有名経営者としての社長と、ブラック企業と指弾される会社の代表とは、決して矛盾はしないのです。彼らはパーツとしての従業員を上手に使うことができるからこそ、優秀な経営者なのであり、そうした組織としての会社にうまく適合しないパーツを切り捨てたり、あるいは無理矢理に組織にあわせようと強権を用いることによって、ブラックとも言われる組織を作ってきたのです。

みなさんの中には、こうした社長と部下とに挟まれて苦労している方もいると思います。そんな方は、こう感じるかもしれません。「そんなことを言っても、組織にははまらない、はまろうとしない奴らを相手にするのは、本当に大変なんだよ」と。

仕事の説明をしたら、「どうやってやるんですか?」ではなく、「どうしてそんなことをするんですか?」と聞いたり、「私にもっとクリエイティブな仕事をさせてください」と言ったりするデータサイエンティストに手を焼いているのかもしれません。しかし、そんな彼ら・彼女らと共にクリエイティブな仕事をして、会社に大きな利益をもたらすために、データサイエンスの部署を作ったのではないでしょうか？

「こうするのが当たり前」という多くの仕事のうち、本当に「理由のある」ものは、どれくらいあるのでしょうか？　昨今のコロナ禍で明らかになったのは、会社でやってきた「当たり前」のことの多くが、実はそんな風でなくてもよかった、ということだったのではないでしょうか。この大騒ぎの中で必要とされたことは、「どうしてですか？」と問いを発して、データを見て、理屈立てて考えることだったのだと思います。厳しい現実に対抗し、より良い未来を作っていくのに必要なのはデータと理屈です。そして、データサイエンスはそうした挑戦をしていく人々の活動を助ける、とてもよくできた道具なのです。

一度、動き出したものは止まりません。社会の変化は一層進んでいくことでしょう。その中で、なくなっていく仕事とは、「今日までこうしてきたから明日もこうする」という仕事であり、データにも基づかず、理屈にも合わない仕事なのだと思います。それは業種や職種で決まるものではありません。どんな業種や職種であっても、データサイエンスを武器に、データと理屈で新しい可能性を開いていくことができるでしょう。

そのように、未来を切り開いていく可能性を持った仕事をドライブしていくのがみなさんなのです。データサイエンティストの可能性を引き出すことは、みなさんの人生に明るい未来をもたらすものであると同時に、会社の未来を明るくし、さらにはこの社会により良い未来をもたらすことになるのです。

そうは言っても、データサイエンティストとはどんな人達なのでしょうか。次章で述べていきます。

第2章　データサイエンティストは希少生物である

1 データサイエンスという仕事

(1) 何が問題なのか

みなさんがお困りの問題とは、どんなものなのでしょうか。全く問題がなく、順風満帆であるという方は、多分、本書をお読みではないと思うので、みなさん、何らかの問題を抱えていらっしゃるのでしょう。

ある方は、発足した部署の人員が集まらない、という問題を抱えているかもしれません。新設の「データサイエンス部」は、グループマネージャーのあなたの下に、5人のデータサイエンティストが揃うはずだったのに、立ち上げ時から3ヶ月が経っても、まだ2人しかデータサイエンティストがいない、というようなこともあるのではないでしょうか。現在、データサイエンティストの人材不足は深刻で、各企業のみなさんが人材を集めるのに苦労しているようです。

しかし、この問題については、どこの会社のやっているマッチング・イベントが良いとか悪いとか、短期的な対応策がないわけではありませんが、決定打というような対処療法はほぼないように思います。

根本的な対策としては、これから述べていく、データサイエンティストの「生活環境」をどのように整えていくのかということが、非常に重要だと思います。なぜなら、データサイエンティストたちは、職場が自分たちが過ごしやすい環境なのかということに敏感で、そしてそうしたことに関する情報に対して感度が良いのです。逆にいうと、彼ら・彼女らはそうした「過ごしやすさ」に関係ない情報に対してはかなり感度が低いのです。その理由の一つとして、データサイエンティストあるいはその卵たちは、自分に非常に近いところからしか情報を取らないことが多いということがあります。

どういうことか、もう少し詳しく述べましょう。

データサイエンティストたちの多くは、自分の好きなことについてはまめに情報を収集するのですが、これがあまり興味のないこととなると、ほぼ全く情報源にアクセスすることをしません。そして新卒学生について言えば、「就職」に関係することさえ、彼ら・彼女らにとっては「興味のない」ことなのです。それは、自分の好きなアニメに関する資料は綺麗に整理しているのに、部屋の中は全くのカオス状態であるというのに似ています。

彼ら・彼女らにとっては、「就職」は部屋の中を片付けることと同じで、汚いよりは綺麗な方が良いけれど、自分でやる気はしないし、「だれかやってくれないかなあ」というくらいのものなのです。そのため、自分に身近な小さな世界の中で就職先を決めます。研究室の先輩や、仲の良い友人らの「実際の声」に非常に大きく影響されます。就職あっせん企業が一生懸命作っている情報など、見向きもしません。研究室を中心とする自分たちの狭い世界で好きなことができれば良いのであって、エントリー・シートなんてめんどうで書きたくないし、会社訪問だと言って、色々なところに出かけるのも嫌なのです。彼ら・彼女らにとっての「良い」会社というのは、業績が前年比何パーセントアップであるとか、株価がどうしたとかいうことでは全くないのです。

そんな彼ら・彼女らに「刺さる」のは、「あの会社良かったよ」という身近な誰かからの一言です。それはすでに就職している先輩の一言かもしれませんし、あるいはインターンシップに参加した友人の一言かもしれません。そして、そうしたありがたい一言を引き出すのは、「過ごしやすさ」なのです。

さて、みなさんの抱えている問題の中には、次のような大きな問題もあるかもしれません。こちらはより深刻です。人がやめていく、長続きしないという問題です。

これからのビジネスのコア・ヴァリューを生み出すデータサイエンティストがやめてしまうというのは、珍しい野生動物を見せてお金を稼ごうとしているのに、その動物がすぐに死んでしまうのと

ひんやりした氷と、綺麗な水があれば良いので、お外に出ようとは思いません。

同じくらいダメージのあることです。そして、そうした「すぐに人がやめてしまうような会社」には、好ましい新卒学生も集まりません。珍しい野生動物は「過ごしやすい」環境を求めるものなのです。

もう少し詳しく見てみましょう。

金沢さんはゲーム会社で、データサイエンティスト部署の課長をしていて、採用にも関わっています。金沢さんの部署では、日々蓄積される、まさにビッグデータを分析しています。顧客によりふさわしいサービスを提供することによって、顧客がゲームをやり続け、お金を払い続けてくれるようにするためには、データサイエンスによる顧客データの分析が必須なのです。

ですからデータサイエンティストの採用には力を入れています。金沢さんの会社はベンチャーですが、それこそ大手にも勝るとも劣らない待遇で新卒も中途も受け入れています。また、多くの候補者にリーチするために、高価な人材紹介会社の支援も受けています。しかし、勤めて1年になるかならないかの若者たちがやめていくのです。「あんなに高い金額をエージェントに払って、しかも月々こんなに給料を払っているのに、なぜやめるのか！」金沢さんは憤りを隠せません。

一方、水戸さんの会社はネット通販で衣料品を販売しています。これからはデータを使って科学的なマーケティングをしなければいけないと、社長の号令の下に新しくデータサイエンス部を作って、そこに社内でもデータに強い社員たちを集めてチームを作りました。水戸さんはそのチームリーダーです。社内ではデータに強い者たちですが、機械学習やデータサイエンスを専門的に学んできたわけではないので、高い費用を払って、コンサルティング会社に依頼して、特別にカリキュラムを組んでもらってチーム全員にデータサイエンス講習を受講してもらいました。

ところが、講習の成果を活かして、実際の業務にデータを活用することができるようになったと思ったら、次々とメンバーがやめていくのです。しかも、講習での成績が良かった順にやめていったのですから、水戸さんも泣くに泣けません。おかげで、せっかく講習までしたのに、水戸さんのチームには殆どノウハウが残りませんでした。積極的にデータ分析をやったメンバーから先にいなくなってしまったからです。

水戸さんはその後も苦労することになりました。ある程度メンバーが成長して、データを活用した業務を行えるようになると、しばらくしてやめていってしまいます。そのため、チーム全体のレベルはある程度以上を超えることができません。チーム全体としての実力の持続的成長が望めないのです。当たり前のことですが、データサイエンティストにやめられてしまうと、ビジネスにとって大きな打撃となります。

金沢さんの憤り、水戸さんの戸惑いは、理解できないわけではないのですが、私からすると、対応が適切でないのだから仕方がない、と感じないでもありません。

金沢さんは「良い待遇」を用意していると思っていますが、それはパンダにシロクマにとっての良い環境を用意しているだけなのかもしれません。パンダにはパンダの「過ごしやすい」環境があるのですが、それが理解されているでしょうか。金沢さんは給料を良くすれば、それが「良い待遇」だと思っているようなのですが、データサイエンティストにとって、給料が良いことは必ずしも第一の条件ではないのです。場合によっては、給料がちょっと安くても「過ごしやすい」環境を優先します。逆に、どんなに良い給料でも「ここはちょっとなあ」ということもあり得るのです。

水戸さんは、やめていく人たちはもともと社内の同僚であったために、彼ら・彼女らの心持ちを理解することができません。講習を受けてデータサイエンティストになるということが、どんな変化をもたらしたのか、いわば、違った動物になってしまったということに気づくことができず、昨日まで同僚であった、「同じ仲間」であると思っています。

データサイエンスという新しい世界を知った彼ら・彼女ら、あるいはデータサイエンスによって世界の新しい見方を身につけた彼ら・彼女らは、以前とは全く違っているのです。それまでは同じ会社で、いつもの仲間と一緒に安定した仕事を続けていくことに価値を見出していたのが、今や新しいことに挑戦し、自分たちの力で業務を変革していく、さらには社会に今までとは異なったインパクトを与えることの楽しさに目覚めてしまったのです。

こうした彼ら・彼女らに「やめないで」もらうために、また、仲間を増やしていくためには、データサイエンティストという希少生物が、どのような性質を持っているのか、彼ら・彼女らにとって「過ごしやすい」環境とはどういうものなのかを知り、そうした環境を作る必要があります。本章でまず、データサイエンティストの「生き物」としての特徴を明らかにし、次章で彼ら・彼女らにふさわしい環境の作り方について述べていきます。

彼ら・彼女らの「生き物」としての特徴を述べる前に、データサイエンティストという職業が、どのようなものなのか、簡単に見ておくことにしましょう。

(2) データサイエンティストという職業

データサイエンティストという職業を真正面から定義しようとすると、「データから価値を生み出す仕事である」という、わかったようでわからないことしか言えないので、少し角度を変えて、データサイエンティストに必要なスキルについて考えることから始めてみましょう。

データサイエンティスト協会では、データサイエンティストに必要なスキルを3つの領域に分けています（次頁 図参照）。1つ目が「サイエンス力」で、いわゆる統計や数学ができるということになります。ここで多くの人は大学で数学や統計、あるいはそのものズバリで機械学習を専攻していた人をイメージすることになります。もちろん、それは完全に間違っているわけではないですが、実態の一面を捉えているに過ぎません。実際にはもう少し違っています。

例えば、整数論は数学の美しい面を体現している伝統ある研究分野ですが、整数論をやっている

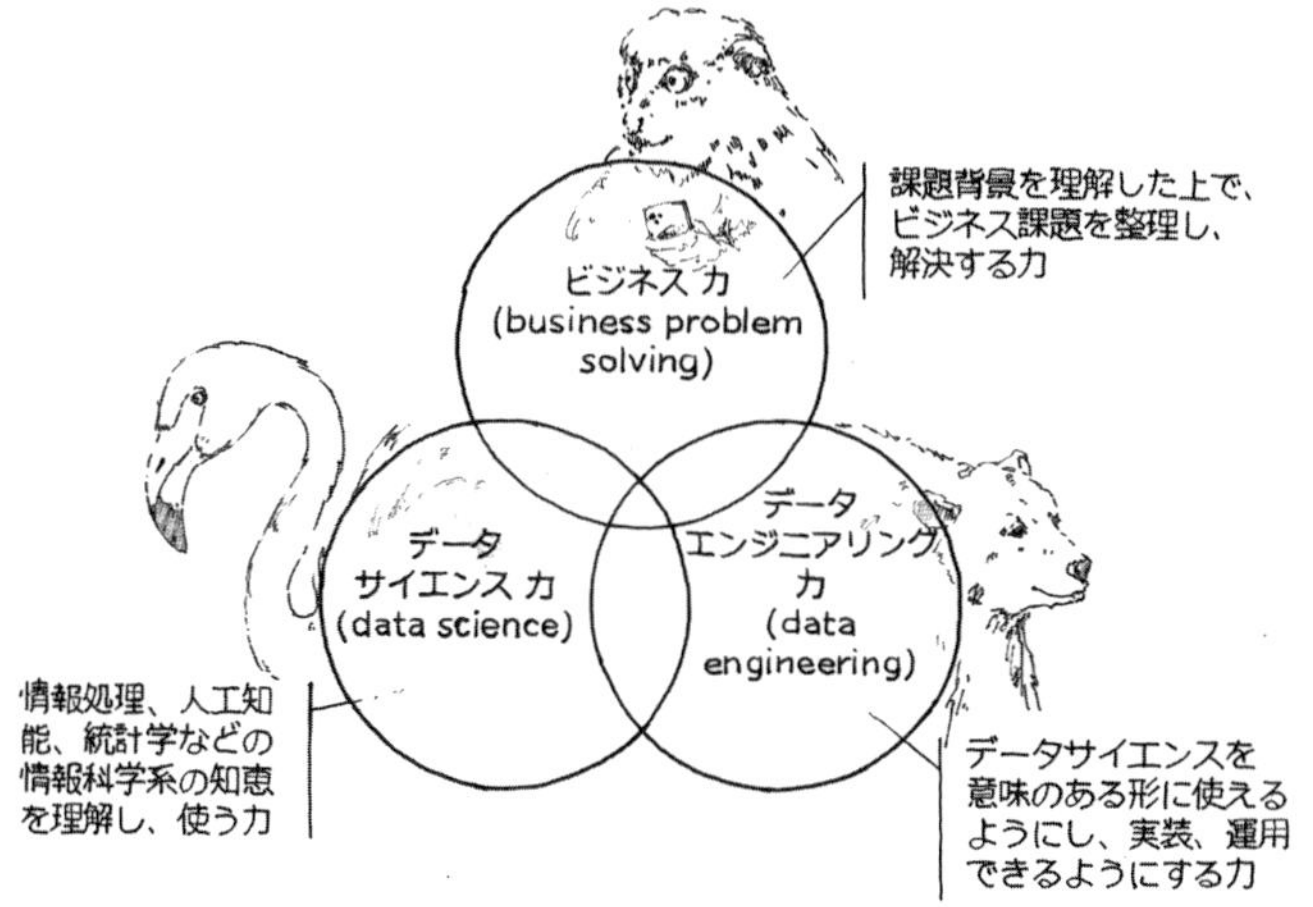
課題背景を理解した上で、
ビジネス課題を整理し、
解決する力
ビジネス力
(business problem solving)
データ
サイエンス力
(data science)
データ
エンジニアリング力
(data engineering)
情報処理、人工知能、統計学などの情報科学系の知恵を理解し、使う力
データサイエンスを意味のある形に使えるようにし、実装、運用できるようにする力

データサイエンティストに必要な３つの力

（出所：データサイエンティスト協会「データサイエンティストのためのスキルチェックリスト／タスクリスト概説」(https://www.ipa.go.jp/files/000083733.pdf) を参考に作成）

学生にはプログラミングどころか、コンピューターさえ得意ではない人もいます。彼らの多くは紙と鉛筆で研究しているからです。その逆に、文学部、しかも歴史学というデータサイエンスに全く関係ないような分野の出身で優れたデータサイエンティストとして活躍している人もいます。

もちろん、最低限の数学の素養は必要です。対数を学ぶところから始めないといけない人には、データサイエンティストになるのは、かなり厳しい道となるでしょう。しかし、国立大学の文系に合格する程度の数学の力があって、教養学部程度の統計学の講義についていけさえすれば、あとは本人の努力でなんとでもなるくらいだと思います。重要なのは、物事の「意味」を考える力です。具体的に説明しましょう。

　ある勉強会でのことです。データサイエンスの論文を輪読していたのですが、入門的な記述とはいえ、数式が書いてあります。担当の若者の説明がわかりにくかったので、「なぜ、式（1）を式（2）に展開したのか、その意味を説明してくれ」と言いました。式の展開ですから、可能性はほぼ無限にあります。そのうちの一つを選択したからには、そこに本人の意図があり、式の展開には意味があるはずです。ところが彼は何を思ったのか、まさに式を計算してホワイトボードを埋め始めたのです。彼は、数学は得意で計算はできるのですが、「意味」を理解しないのです。そうなると、誰かに自分のやっていることを説明しなければならない時、とりわけその相手が数学があまり得意でない場合に、大きな問題が生じます。数学はあまり得意ではないから、式を見せられてもよくわからないが、言葉で説明されれば非常にスマートに状況や課題を理解することができるという人は多いものです。そういう方から、「式でなくて、言葉で説明してみてよ」と言われた時に、「意味」が理解できていないと説明できないのです。

　難しいことを難しいままに説明することは、そう難しいことではありません。難しいことを易しく説明することこそが、本当に難しく、力量の必要なことなのです。ですから、サイエンス力の高い人とは、モデルや機械学習を数式を使わずに説明できる人のことだと言えるでしょう。そうした優れたサイエンス力を持つ人たちは、数式の意味を考えることができるからこそ、説明ができるのです。

データサイエンティストに必要なスキルの２つ目が「エンジニアリング力」です。ビッグデータと言われる大容量のデータをハンドリングしたり、データ分析の結果をすぐにサービスに乗せるための実装など、開発寄りの能力です。

ひと昔前、今で言うデータサイエンスが「データ分析」とか「データマイニング」と言われていた時代には、アウトプットは多くの場合、「紙」で出していました。要するに、モデルを仕様書に書いて納品していたのです。この時代、分析をする人は分析だけ、開発をする人は開発だけで、システムは仕様書通りに作れば良いということで、互いに相手がどのようなことをしているのか、ほぼ理解し合えていませんでした。データ分析者と開発者とは同じシステムを作っていながら、全く異なった資質とスキルを持っていて、同じ土俵で会話をすることはなかったのです。

現在、データサイエンスを取り巻く環境は大きく変化しました。扱うデータの量は爆発的に増加し、また、ビジネスのスピードは大きく加速し、システム開発のやり方も大きく変化しました。データ分析の結果を紙(仕様書)にして、それから開発を行うというじれったいやり方は姿を消しつつあります。

データサイエンティストは分析を行う前に、扱うデータの量を見積もって、効率的なデータハンドリングについて考えます。システム開発者の方も、大容量のデータ蓄積環境を構築する際には、そのデータをどのように分析するのかを考えるようになりました。分析者と開発者が、互いに幾分かずつ相手の領分に立ち入るようになり、相手のやっていることを、相手の論理で、つまりデータサイエンティストは開発者の行う開発作業についてシステム開発の言語で理解をし、逆に開発者は、データサイエンティストが行う分析作業の内容を分析アルゴリズムによって理解するようになったのです。

さらにこうした傾向の追い風になったのは、Python のような、分析と開発にまたがった言語が登場したことです。分析者も開発者も互いに Python を使うことによって、それこそシームレスに互いの領分を行き来することができるようになりました。

では、データサイエンティストに必要なスキルとしてのエンジニアリング力とは、開発のエンジニアに必要なスキルと同じなのでしょうか？　私は、全く違うとは思いませんが、同じだとも思っていません。開発のエンジニアにとっては読みやすいコードを書くとか、再利用が容易なコードを書くということは、目的を実現するためのコードを書くことと同じくらい重要だと思うのですが、データサイエンティストにとって一番重要なのは、目的を実現する、すなわち自分がやりたいことをコードで書けるということで、その他のことは、価値がないとは言わないまでも、開発エンジニアにとってほどには重要ではありません。

近年ではフリーの分析ツール（R や Python）が充実しているばかりでなく、そうしたツールをどのように使うかについての「指南」もＷｅｂ上にあふれています。そうしたサイトにはサンプルコードも丁寧に載っていますので、コピペだけである程度のことはできるようになっています。ですので、一見すると、重要なのは情報収集能力とサンプルコードをどのように再利用できるのかということになりそうです。ですが、そうしたやり方では、「そこそこ」のことまではできますが、決してそれ以上のことはできません。「そこそこ」のレベルから脱するためには、それこそ、データをこういう形にしようとか、最適なパラメーターの値を求めるために試行錯誤をしてみるとか、天下り・お仕着せではないことを自由にやっていくことが必要になります。そうなると、やり方、すなわち書いたコードがスマートであるかは別にしても、自分の思いついたやりたいことをやれること、それによって結果的に良い分析結果を得られることが一番重要です。汚いコードは本格的に実装する際に、プロのシステム屋さんが、「こんな汚いコード書きやがって」と言いながら直してくれるから良いのです。重要なのは、どう直せば良いかがわかるほどには、何をやろうとしているかが伝わるということです。そして一番重要なことは、繰り返しになりますが、自分のやりたいことを実現する力です。

データサイエンティストに必要なスキルの3つ目が「ビジネス力」と言われるものです。これは誤解が多いので、協会の定義をそのまま引用してみます。「課題背景を理解した上で、ビジネス課題を整理し、解決する力」です。「ビジネス力」という名称から、何かデータサイエンティストが、データサイエンスを使った素晴らしいビジネスを考えてくれるものだと勘違いする人もいるようなのですが、そういうわけではありません。ビジネスを考え出すのは経営者であってデータサイエンティストではありません。もちろん、経営者でもあるデータサイエンティスト、データサイエンスを軸にしたアントレプレナーというのもありだとは思いますが、それがデータサイエンティストの必須条件ではありません。

データサイエンティストは、こういう意味での「ビジネス力」には疎いことが多いです。しかし、データサイエンティストに必要な「ビジネス力」は身につけています。このビジネス力というのは、データサイエンスというものそれ自体のあり方に深く関係したスキルだと思われます。

最近ではデータサイエンスという名前を冠した学部や学科が多く誕生していますが、それと従来の情報学部や情報学科とは何が違うのでしょうか。この違いをあえて強調するとすれば、それはデータと情報の違いに基づいています。データとは獲得された資料のことを指しますが、情報とはこうしたデータを加工して意味あるものにしたものを言います。何が意味あるものか、というのは受け取る人次第なので、情報とは主観的で、人それぞれです。誰かにとっての情報は、別の誰かにとってはただの数字の塊で、なんの意味もないかもしれません。データサイエンスとは、まさに意味のないデータから意味のある情報を取り出すことをテーマにしています。そして、情報とは受け止める側に依存した相対的なものですから、同じデータであっても問題となっている課題が違えば、何が情報であるかも異なってきます。ですから、今、ここにあるビジネス課題にとって、何が意味ある情報なのかを理解し、適切な情報を取り出すスキル、まさに「課題背景を理解した上で、ビジネス課題を整理し、解決する力」をビジネス力と言うのです。

世間一般でイメージされるであろうビジネス力との違いを明らかにするために、もう一つ例を挙げます。

私は若い頃に、音楽スタジオ（リハーサルスタジオ）でアルバイトをしていたことがあるのですが、そこをよく利用なさっていたのが初代のM-BANDさんでした。バンドの作詞・作曲を多く手がけていた津田さんは、ツアー前のリハーサルをしているスタジオを時々訪れてくれました。

ある日、機嫌が良かった津田さんはアルバイトの私に、「若いの、金儲けのコツを教えてやろうか」と声をかけてくださいました。津田さんはあの「なめ猫」で大成功をした方で、その他にも色々なビジネスを手がけていらっしゃったので、私は何が聞けるのかとワクワクして「はい。教えてください」と答えました。すると、「割り箸だよ。割り箸。猫って猫背だろ。だから着せた学ランの下に割り箸を入れて立たせたんだよ」と教えてくださいました。

正直、まだ二十代の私には、この教えの有り難みがちっともわからず、「この親父は何を言っているんだ」と内心不満だったのですが、今ならわかります。ビジネスを作り出すということは、「割り箸」を思いつくということなのです。しかし、これをデータサイエンティストに求めてはいけないと思います。データサイエンティストに必要な「ビジネス力」とはもっと違ったものです。先ほどはそれを一般的に述べただけだったので、具体的に説明してみます。

以前、日本スポーツアナリスト協会の方に伺った話です。スピードスケートという競技があります。個人競技であるスピードスケートにおいて一番重要なことは何か。そのように聞かれたら、みなさんはどう答えるでしょうか？　競技の名前にもなっている「スピード」を挙げる方が多いのではないでしょうか。私も即座に「スピード」だと答えました。でも違うのだそうです。どう違うか。答えは「タイム」です。スピードスケートはタイム・トライアルの競技だから、一番重要なのは「タイム」なのだそうです。

当たり前のことのようですが、この違いは重要です。ソチ・オリンピックで勝てなかった日本スピードスケート・チームは本格的にデータ分析に取り組み始めたそうですが、まず最初にデータを調べてみてわかったのは、「スピード」では海外の第一人者と日本選手とで大きな違いはなかったということです。しかし、結果的にタイムで負けている。小学生でもわかる計算ですが、スピードが同じなのにタイムが違うのは距離が違うからです。実際に走行した軌跡を画像解析から計算すると、５０００メートルのコースを海外のトップ選手は５００２メートルから５００６メートルで滑っているのに対して、日本選手は５０５０メートルかけていたのだそうです。この約50メートルが、トップクラスのスピードだと４秒くらいの差になるのです。

何事もスピードが大事だと思うんですよね。

課題である「勝つためにはどうすべきなのか」の背景にある問題、タイムを縮めるために距離を測ってみようということに気づいたことこそが、データサイエンティストに必要なビジネス力なのだと思います。（この話は、以下で読むことができます。https://finders.me/articles.php?id=208）

ところが、このビジネス力と、世間一般の「割り箸」的なビジネス力が混同されて、よくある学生のデータ分析コンテストなどでは、学生らしい新鮮なビジネス視点だと持ち上げられたりもしています。しかし、ビジネスのアイデアが与えられたデータによってちゃんと基礎付けられているものは少ないように思います。データサイエンスのコンテストであれば、「思いつき」はデータによって裏付けられなければなりません。逆に言えば、データに返りながら、ビジネスの可能性を考える力こそが「ビジネス力」なのだと言えるのではないでしょうか。

もう一つの誤解は、ビジネス力をいわゆるプレゼン力としての「コミュニケーション能力」と混同することです。先ほども述べたように、難しいことをわかりやすく説明する力は、とても重要です。世の中の多くの人は、良い説明というのを、すごい絵やアニメーションを駆使したプレゼン資料を作り、立て板に水のような、流暢なプレゼンをすることだとイメージしているように思います。しかし、本当に重要なことは、往々にしてクロス表1枚で表すことが可能です。つまり、大げさなプレゼン資料ではなく、本当に重要なことをクロス表1枚で表現できることこそ、「良い説明」であり、そういうことができる人こそ、「ビジネス力」が高いと言うのだと思います。

データサイエンティストに向いている人は、真剣にデータに向き合うがゆえに、「確実なことしか言わない」ので発言は少なく、様々な可能性を考慮するがゆえに優柔不断に見えてしまうことが多いです。しかし、「この人、おとなしすぎて大丈夫だろうか?」と、疑われるような人が、堅実な分析で厚い信頼を得るようになることもあるのです。

さて、データサイエンティストに必要な3つの力について述べてきましたが、ここまで読んだ方の中には、「こんな能力を3つも揃って持っている人なんて、どこにいるのか? たとえいたとしても、我が社になんか来てくれないだろう」と感じる方もいるかもしれません。たしかに、この3つの力を高い水準で持っているような人は、そんなに多くはいません。では、どうするか? チームとして3つの力を高い水準で備えるようにすれば良いのです。

サイエンス力が高い人、エンジニアリング力に優れている人、ビジネス力に秀でている人がいるチームであれば、全体として高いデータサイエンス力が発揮できるでしょう。しかし、注意しなければならないのは、チーム員それぞれが1つの能力しか持っていないのは良くないということです。それでは、別の能力に優れている人と会話が成り立たないからです。データサイエンスに必要な3つの力のどれかに秀でていながら、別のどれか1つについても、ある程度の能力が必要です。そうすれば自分のメインの能力以外の能力に秀でている人と対話ができ、チームとして動くことができるからです。サイエンスが得意で、ビジネス力もそれなりにある人は、ビジネス力に秀でてエンジニアリングにも素養のある人とビジネス力の言語で会話ができるでしょうし、そこに新たにエンジニアリング力が非常に高くてサイエンスも理解する人が加わっても、先にいた２人と一緒に仕事ができるはずです。

　では、こうした力（スキル）を持ったデータサイエンティストとは、具体的にどういう人たちで、それを私が「希少生物」と呼ぶのはなぜなのか、いくつか例を挙げて説明します。

2　データサイエンティストとはどういう生き物なのか

(1)　フィールドワークから

　以下に特徴あるデータサイエンティスト達を紹介します。ただし、私がこれまで出会ってきた色々な人のエッセンスを組み合わせて作った人物であり、実在の人物ではありません。

　品川さんは語学の天才です。最終学歴は国立大学の英米文学の大学院の修士卒です。こう言うと、「理系じゃないの？」という声が聞こえてきそうですが、データサイエンティストは理系でなければいけないという思い込みは捨てた方が良いと思います。確かに優れたデータサイエンティストには理系出身の方が多いですが、文系出身でも優秀なデータサイエンティストになった方は多くいます。広告代理店系のデータ分析会社で活躍する私の知人は、私立大学の文学部の日本史学科で昭和史を研究していた方です。一度データサイエンスとは全く関係ない会社に就職した後で、独学で統計学や機械学習を学んでデータ分析を行う会社に転職し、第一線で活躍するデータサイエンティストになっています。先にも述べたように、大学の教養課程の統計学が理解できる程度の学力があれば、あとは本人のやる気と努力が重要で、文系だからダメだということはないのです。

さて、話を戻しましょう。品川さんはイギリス中世文学を研究していたので、英語はもちろん、古典ラテン語、中世ラテン語、イタリア語、フランス語、さらには教養学部時代に学んだ中国語まで操ることができました。他方で、英米文学研究室にいた頃から、彼はVisual Basicなどを独学し、文系の面倒な作業の自動化を行っていました。今で言うＲＰＡの先駆けを独力で作っていたのです。その他にもいくつかのプログラム言語を使っていましたが、彼にとっては、様々な矛盾を抱えた自然言語に比べれば、プログラム言語は非常に学びやすいものだったようです。

大学院を卒業後に入社した会社で品川さんはＳＱＬをすぐに覚えて、大容量のデータを使った集計とコンサルティングを行うようになります。担当する業務が高度化するとともに、機械学習についても独習し、Pythonで分析した結果をすぐに可視化したり、アプリとしてクラウドに実装するようなこともできるようになりました。立派なデータサイエンティストです。

しかし、品川さんにはいくつかの弱点がありました。一つは、朝、起きることができないということとです。大学院時代から、午前中に品川さんに用事があるときは、まずは予定時間の少し前に携帯に電話し、出ない場合には部屋に出向いて起こすことから始めなければいけませんでした。学生だからそうなのだというわけではなく、それは社会人になっても相変わらずで、午前中のお客様との打ち合わせはかなりリスキーなイベントとなってしまいました。社会人ともなると、流石に部屋まで行って起こしてくれる人はいないからです。

また、品川さんはスケジュール感というものが希薄で、お客様へのプレゼンが明日に迫ったので事前打ち合わせをしようと思っても、出社してきません。どうしたのかと思って携帯に電話をかけると「今日は出社しません」と答えます。風邪でも引いたのかと尋ねると、「いま、沖縄にいます」と言うのです。彼が入れ込んでいるアイドルのイベントが沖縄であるのだそうです。明日はプレゼンです。こちらは気が気ではありません。しかし本人は、明日の朝に羽田から客先に向かうと言うのです。

ハラハラドキドキのプレゼンが始まります。報告の大きな柱には何の問題もありません。お客様の要望を的確に課題に落とし込み、蓄積されたデータから解決の方向をうまく導き出しています。しかし、個々の資料の数字や記載内容について、小さなミスがとても多いのです。一つ一つは大したことのない間違いなのですが、あまりに数が多いので、報告自体の信憑性が怪しくなるほどです。こういうミスを潰したいからこそ、事前の打ち合わせが必要だったのですが、何せ本人が沖縄にいたのでは、どうにもなりません。

品川さんは優秀です。でも、こういう人を使っていくのは、とても大変です。ただ、元も子もない話をすれば、大概のデータサイエンティストは、使っていくのが大変です。使い勝手の良い「良い子」と仕事をしたいと思ってみても、「良い子」はデータサイエンスがあまりできないので、これはこれで困ってしまいます。

品川さんは朝が苦手というのも問題ですが、さらに大きな問題なのは、スケジュールの見積もりが甘いという以前に、大事な最終報告の前にアイドルのイベントで沖縄に行ってしまったということです。マネージャーとしてのあなたはどう対処すべきでしょうか？「アイドルのイベントなんていつでもあるんだから、ここは明日のプレゼンのために最後のチェックをしておこう」と優しく指示をしましょうか？それとも、少し厳しくビジネスマンとしての、あるいは社会人としての常識を説きましょうか？

しかし、忘れて欲しくないのは、品川さんのような人々にとっては、「アイドルのイベントなんていつでもある」わけではないということです。その沖縄のイベントは、1回こっきりのものであって、「いつでもある」わけではありません。彼ら・彼女らにとっては、そういうものなのです。逆に、お客様の前での報告こそ、「いつでもある」もので、いつも同じようなことばかりやる退屈な作業なのです。そういう人に、「そんなものはいつでもあるから、まずは仕事をやってくれ」と命令しても、効果はあまりありません。社会人として、「あなたももう大人なんだから、どっちが大事かわかるだろう?」なんて説教でもしようものなら、彼ら・彼女らは、「じゃあヤメましょう」と言って、追っかけをやめるのではなく、仕事の方をやめてしまうでしょう。

彼ら・彼女らに「追っかけ」や「趣味」をやめて、仕事に集中しろと言うのは、優秀な番犬を、優秀であるがゆえに「番をさせる」ことだけにして、散歩に連れて行かなくなるようなものです。犬は、「散歩に連れて行ってくれる優しいご主人様を守りたい」から、優秀な番犬であるのです。散歩に一切連れて行ってもらえない犬は、それでも忠実にきちんと番をしてくれるでしょうが、足腰が衰え、いずれ病気がちになって死んでしまうかもしれません。

川崎さんは都内の国立大学の情報系学科で博士号を取得しています。探究心に溢れ、一つのことをとことん追求していく姿勢は見事です。しかし、理系で博士にまでなった人に対する世間一般のイメージ通りに、世間知に疎いところがあります。とはいえ、実際の分析対象となることについては、周辺の関連することまで含めて、「勉強する」ことでその不足を補おうと努力して、世間ずれしたところを感じさせないレベルにまで到達していました。

そんな川崎さんの弱点は並行作業ができないということです。

今日は散歩に行きますよね？

その頭脳は巨大なスーパーコンピューターのＣＰＵのようにできていて、一つの処理は速いのだけれども、並列処理ができないのです。そのため、大きな課題、誰もやったことがないようなことをすると、あくなき探究心でとても優れた結果を導き出すのですが、「誰もができる」ようなことを、一度に複数やることになると、さほどスキルレベルの高くないところでミスを犯してしまうのです。もちろん、この「当たり前」の仕事を単独でやる分には何の問題もありません。それを複数同時にこなさなければならないということに問題があるのです。

私たちは、簡単な作業であれば、２つ３つ同時にやることなど造作もないと、容易に考えてしまいます。だから、困難な分析をやったことのある川崎さんであれば、できないはずがないと思うわけです。しかし、私たちが「困難」だと思う分析をさほど「困難」なものではないと感じ、実際にやり遂げることのできる川崎さんですが、これが仕事内容の難易度に関わらず、「複数の仕事」を同時にやるということが、何よりも「困難」なことなのです。

簡単な作業だと思っているため、関係者は川崎さんのミスに最初はびっくりして、「なんでこんなミスを犯すのか」と訝ります。簡単な作業であればこそ、「たるんでいるのではないか」という精神論に傾きがちです。なにしろ、スキル的な問題は一切ないからです。その一件はやり過ごしたものの、また川崎さんは簡単な仕事の並行作業でミスを犯します。前回のミスとは内容は違うものの、「簡単」であることには違いがありません。関係者たちは今度は怒りをあらわにします。「何をやっているんだ！」と。

しかし、川崎さんにとっては、決してこれは簡単なことではないのです。川崎さんを非難する人たちが「簡単」だと思っている並行作業こそが、本人にとって一番難しいことなのです。こうした仕事を与え続け、ミスをしたら川崎さんを叱るのは、カンアオイしか食べないギフチョウの幼虫に、「もっと食べやすくて栄養のあるものを食べさせてあげる」と、レタスなりキャベツなりを、その実手に入りやすからと食べさせようとするようなものです。こちらが食べやすかろう、栄養が多かろうと思っても、それはこちらにとってそうなだけで、ギフチョウにとっては、そうした食べ物は、とても「食べられたものではない」のです。カンアオイを取り上げられた幼虫が死んでしまうように、川崎さんも早晩、やめてしまうでしょう。

袖ヶ浦さんは国立大学の経済学の修士卒です。中学や高校の頃から、プログラミングが好きで、ゲームなどを自作して遊んでいました。データや数字は大好きで、好きなスポーツ・チームの対戦成績や選手のタイトルなど、色々な数字をいつの間にか覚えてしまうような子供時代を過ごしてきました。

袖ヶ浦さんは新卒でデータ分析をやっている会社に就職しました。プログラミングが得意だというので、最初に開発部に配属になりました。新人研修で、まずは腕試しということで、簡単なＷｅｂアプリを作るように言われました。ユーザーがあるボタンを押すと、データベースから数字をとってくるような、ごく単純な動作を実装すれば良いだけの、まさに研修用のアプリです。

袖ヶ浦さんは、はいはい、と仕様を聞いたかと思うとすぐにコーディングを始めたので、指導についたメンターも、「ちょっと簡単すぎる課題だったかもしれないなぁ」と反省までしていました。ところが、言い渡していた締め切りを過ぎても出来上がってきません。催促すると、「明日までには」というので、待つことにしました。

翌日になりました。開発担当の部長も呼んで、新人研修の結果のお披露目を数日遅れて開催です。袖ヶ浦さんはいかにも徹夜していましたというように疲れた顔をしていたので、これなら大丈夫だろうと思っていたら、なんのことはない、袖ヶ浦さんの作ったプログラムは挙動がおかしいというレベルではなく、動かないのです。

「ちょっと書いたプログラムを見せてみろ」と言って、メンターが袖ヶ浦さんのノートPCを覗き込みます。パッと見にはそれなりに書かれたプログラムで、動かないはずはないように見えます。でも、動かないものは動かないので、一行一行、じっくりと読んでみると、単純なバグ、書き間違いのレベルのミスが非常に多いのです。「動作確認とか、プログラムのチェックとかはしなかったのか?」と尋ねると、「出来たと思ったから、チェックや動作確認はやっていません」と言うのです。「じゃあ、昨日の夜は何をしていたのか?」と尋ねると、さっさと作って、すぐに終わったので、夜中までオンライン・ゲームをしていたのだそうです。

開発部の方では、「これは間違った人を採ってしまったのかもしれない」と、顔を見合わせたのですが、分析部門の若手リーダーの奈良さんが、「じゃあ、開発についての研修はここまでにして、分析やってみますか?」と袖ヶ浦さんに助け舟を出します。「いま、ちょうどアニメの視聴者分析の仕事がきているので、それを手伝ってくれないか?」ということで、今度は分析チームで新人研修です。

ここで袖ヶ浦さんは、周りが驚くような力を発揮します。最初にデータを渡してから、3日目にオリエンテーションをしたのですが、そこで袖ヶ浦さんは渡されたデータについて、各項目の充足度や基本統計量を調べた一覧表を作っていて、データ定義書との矛盾を質問するくらいにデータの中身をよく見てきたのです。そこからはまさに破竹の勢いで、最初はプロジェクトを主導していた奈良さんも、「これはお前に任せるから、好きにやってみな」と言うくらいに、分析の視角、資料のまとめ方、どれをとっても合格点どころか、非常に良い出来栄えだったのです。

最終報告は分析チームリーダーが行い、結局、袖ヶ浦さんは一度もお客様の前には立たなかったのですが、報告を聞いたお客様が、「これはとても面白かった。今後の業務に大変役に立つ。これを分析した担当者と会いたい」と言うまでに大好評でした。

袖ヶ浦さんは、自分が好きなことには全力を傾け、素晴らしい力を発揮するのですが、好きでないことについては無意識に手抜きになってしまい、実力を発揮することなく、合格点未満の出来栄えにしかならないのです。

これまで紹介した人々は、皆若い人ばかりです。これから紹介する宮城さんは、彼ら・彼女らよりもずっと年長で、データサイエンスがまだデータマイニングと呼ばれていた頃からデータ分析をやっています。今で言うＩｏＴや、工場の生産ラインから出てくるデータの分析による故障予知などの仕事に携わっていらっしゃいます。

宮城さんは、この業界が長いだけでなく、非常に優秀なので、日本中あるいは海外からもお呼びがかかり、出張も多いのですが、どこかの工場に張り付いているわけではないので、ほぼ常に初めてのデータを見ることになります。そこで宮城さんが重視するのが「現場のオヤジの声」です。そのデータがどういうプロセスで生まれてデータを生み出したのか、機器にはどういう特徴があるのかを、「現場のオヤジ」から教わります。もちろん、ポッと都会からやってきたよくわからない人に、そう簡単にものを教えてくれるわけではありません。そこで宮城さんは現地に着くと、工場の偉い人に挨拶をすませて、すぐにオヤジたちに会いに工場へ入り、手土産を渡してひとしきりバカ話をした後に、一緒に飲みに行きます。もともと教え好きなオヤジたちは、酔いが回って宮城さんと親しくなると、聞いてもいないことまで親切に教えてくれます。こうしてディープなドメイン知識を仕入れた宮城さんは東京に帰って、データ分析に励みます。

業界内でその存在を知らない人はいないと言われる宮城さんは、仲間たちもまた、すごい顔触れです。中国の大きな会社に転職して部門長をやっていたが、アメリカの会社にヘッドハンティングされて、来月から西海岸住まいになるとか、逆に来週から深圳勤めだとかで、年収も「億」の単位なんていう方々が揃っています。もちろん、宮城さんにもそういうお声がかかることは言うまでもありません。「なぜ転職しないのですか?」と尋ねると、「今の会社は僕を自由にしてくれるから」と答えます。確かに、仕事に空きが見つかると、宮城さんは故郷に建てた自分の家に帰って、庭の一角にある「東屋」にこもって趣味に没頭します。ご飯も食べないでこもりっきりでいると、奥さんがバタンと扉を開けて入ってきて、「あたしを忘れてないかしら」と言うので、一緒に近所にハイキングに出かけるのだそうです。しかし、これはカレンダーの休みや休暇には関係ありません。宮城さんが、自分で自分のスケジュールを考えて、休めると思ったら、休むのです。そのため、休めない時は、ずっと東京にいて働いています。宮城さんは仕事も大変好きだからです。ですので、こうも言います。「会社が僕の自由を1ミリでも奪うようなことがあったら、すぐにやめます」と。

さて、最初に紹介した品川さんは、朝起きるのが得意ではありませんでした。データサイエンティストの中には、朝11時を過ぎないと出社してこない人もいます。そこまではなくとも、朝が苦手なデータサイエンティストは多いです。彼ら・彼女らに合わせていると、お客様との打ち合わせや、内部ミーティングさえもが、午前中には開催できないことになってしまいます。打ち合わせが必要な他のメンバーもそれぞれに別のプロジェクトを抱えているのですから、彼ら・彼女らの都合だけを考えるわけにはいきません。

さて、マネージャーとしてあなたはどうすべきでしょうか?　上司として説諭すべきでしょうか。

多少は叱るべきでしょうか。ここで注意してもらいたいのは、朝が苦手だと話すデータサイエンティストの多くは、本当に朝が苦手だということです。それは何もサボっているとか、前日に夜遅くまで遊んでいるというわけではなく、本当に朝はダメなのです。それは月下美人が太陽の下で咲くことがないのと同じで、どうしようもないことなのです。

それに対して、「フレックス・タイムと言ってもコアタイムというものがあるだろう」とか、「採用労働制だって、一緒に働く人の迷惑も考えないとね」と言うと、彼ら・彼女らは、反発するのではなくて「そうだよねえ。みんなに迷惑をかけることになっちゃうよね」と考え、それでは申し訳ないからと、早くに出社するのではなく、会社をやめてしまうのです。ここが重要です。彼ら・彼女らは、「申し訳ない」と思って、自分の何かを変えるようなことはできません。それができるのであれば、とうにしています。変えられないものを変えろと言われたら、死ぬ＝やめるしかないのです。それは、コアラがユーカリしか食べることができないのと同じです。もし、言葉が通じたとして、コアラに「ユーカリなんて手間のかかる餌ではなくて、もっとそこらにある草を食べてもらわないと、みんなに迷惑なんですよ」と言ったらどうなるでしょうか。コアラはきっと、あのクリクリした目で寂しそうにこちらを見つめて「迷惑なんですね」と言ったっきり、何も食べずに静かに死んでいくでしょう。

起きる起きないと言えば、こういう例もあります。練馬さんは、都内の国立大学の大学院で数理科学の博士号を取っています。勉強するのが大好きで、最新の論文を読んでは、「いけてそう」なアルゴリズムをすぐに実装して試したりしています。データを分析するのは大好きなので、それこそ寝る間も惜しんで仕事をします。だからこそなのか、彼には睡眠障害があります。それもかなり重症です。作家の阿佐田哲也氏のナルコレプシーがよく知られていますが、そのようなものだと思ってください。

こうした障害を持った人は、突然の睡魔に襲われます。その力に抗うことはできず、時と場所を選ばずに、眠り込んでしまいます。その睡眠のインターバルも人それぞれ、また同じ人でも場合によることも多く、時には、眠っていたことに本人も気がつかずにいることもあるそうです。

眠気を感じるときですか、そうですね、
寝ていないときでしょうか。

こうした課題を持っているため、練馬さんはお客様の前に出ることができません。打ち合わせ中であろうとなかろうと、睡魔はいつでも襲ってくるからです。打ち合わせ中にモデルの説明をしていた人が、急に眠り出してしまったら、モデルの出来具合がどうだとか、システム化の要件だとか、色々話したいこともすべて吹き飛んでしまいます。とはいえ、練馬さんの分析は的確ですし、彼が「これ、良いと思います」と薦めてくる論文は確かに素晴らしく、技術的な先見性にも秀でています。しかし、打ち合わせ中に寝てしまうのです。それも、ぐっすりと。

もうこうなると、どうしようもありません。「打ち合わせ中に寝るな！」と言われて、「気合いを入れたり」、「頑張ったり」することによって寝ないで済むのであれば、練馬さんはとうにそうしているでしょう。確かに腕は良いのですが、そもそも求人の対象にはできない人なのかもしれません。そんな彼は、動物園では決して飼えない希少生物のような存在です。

ちゃんと、寝ているとき以外は起きてますよ。

(2) 生き物としての特徴

ここまで、5人のデータサイエンティストを紹介してきました。それぞれ、実在の人物そのままではありませんが、私がこれまで実際に出会った人々や見聞してきたことを元にした人物像なので嘘はありません。

ここで一度、データサイエンティストたちの特徴をまとめてみましょう。

a・データサイエンティストは優秀である

今更言うまでもありませんが、なお、強調しておきたいのは、彼ら・彼女らは優秀であるということです。朝起きられない、優先順位がつけられない、あるいは並行作業ができなかったり、勝手に休みを取ったり、さらには起きていられなかったりと、ひどいことばかりを並べたようですが、それは決してデータサイエンティスト達をくさそうというわけではありません。彼ら・彼女らと付き合うために、その特徴・人となりをわかってもらいたくて、説明したまでのことなのです。

本人達がどこまで意識しているかは別として、データサイエンティストは優秀です。彼ら・彼女らがデータを使って分析した結果は、未来を見通しのきくものにします。それまでは勘と経験とど根性によって問題を解決していた組織が、事実（データ）に基づいて、「ああすればこうなるだろうから、そのようにしよう」という意思決定ができるようになります。また、失敗した場合でも、「根性が足りなかった」というような総括をするのではなく、どこに原因があるのかを明らかにすることにより、改善の方向性を示すことができます。また、様々なことを確率として考えるので、優先順位をつけたり、費用対効果を計算することができるようになります。

データサイエンティストの仕事が、非常に価値の高いものであることはご理解いただけていると思うのですが、この仕事は、他の人ではできません。請求書などの帳票の自動化をしようという時に、いくら業務に精通しているからと言って、経理の人を何人動員しようと、自動化のシステムはできません。これは猫百匹の法則と言えます。「猫の手も借りたい」と人はよく言いますが、現実には猫の手は、それがたとえ100匹分あったとしても人間1人分にもなりません。100年生きた猫が妖怪になるならまだしも、猫を100匹あつめても、人間になるわけではないからです。こういう分野では、データサイエンティストである彼ら・彼女らでなければダメなのです。

ここは押さえておきたい点です。様々な問題を抱えていたとしても、データサイエンティストこそが、これからのみなさんの企業の成長と発展のキーになるということを。

b・データサイエンティストは簡単なことができないことがある

データサイエンティストは、優れたパフォーマンスを発揮することができますが、他方で、驚くほど簡単なことができないことがあります。先ほど述べた朝起きられない問題などもそうです。就職を前に、内定をもらった学生が、「4月から朝早く起きることができないんじゃないか」と心配することも多いようですが、大体の人は不思議と社会人になると朝起きることができるようになります。そのことが決定的な問題となる人は、それほど多くはないでしょう。そのため、朝起きることができないというのは「寝言」であり、やる気がない、たるんでいる証拠だとされることが多いのです。解決策もまた心構えの問題ということになります。社会人としての自覚を持ち、気合いを入れれば大丈夫であると。

しかし、データサイエンティストの中には、この、朝起きられないということが決定的な問題となってしまう人が、少なからず存在します。先に例に挙げた品川さんがそうです。彼ら・彼女らはサボっているとか、悪気があって朝来ないのではなくて、そうしかできないのですが、根が真面目なので、「気合いも血液と関係があって、自分は低血圧だから気合いも十分に上がらなくて、朝起きることができないのだろうか」と悩んだりもするのです。

しかし、無理なことは無理なのです。練馬さんの例を思い出してください。練馬さんは朝起きられないどころか、今、この瞬間に眠らずに起きていることが、本人の努力では決して保証できないのです。朝起きられないということが、本人の気の持ちようなどでは解決できない人も存在するのです。

一般には簡単なことができないという例では、川崎さんのような場合もあります。普通の人ではできないような高度なことができる一方で、誰もができるような簡単な作業ができないという問題です。（川崎さんの場合は、誰でもできるような作業を複数、同時に行うことができないということでした。）

これは、その他の人にとっては大きな努力を必要としない、ごく簡単にできることであって、しかも、もっと高度なことをできる人ができないというので、誤解を生むことが多いです。つまり、たいそう難しいことのできる人が、「お高くとまって、私たち下々のやる当たり前のことなんかできないと、バカにしているのではないか」と勘ぐられることがあるのです。

これは大きな誤解ですが、組織にとってはかなり困った問題に発展してしまうかもしれません。川崎さんのような人が簡単なことができないのは、本当にできないのです。それは、練馬さんがお客様の前で起きていることができないのと同じくらいに「できない」ことなのです。しかし、それを理解していない人たちによって、川崎さんはできるのにやらない、ふざけた奴だと言われ、職場内いじめの標的にされることもあるかもしれません。

c・データサイエンティストは好きなことをやるけれど、嫌いなことはやらない

データサイエンティストの多くは、好き嫌いがはっきりしています。そして、好き嫌いとできるできないが、オーバーラップしていることも多いです。つまり、好きなことイコールできることであり、嫌いなことイコールできないことなのです。通常は、嫌いなことでもやるのが仕事で、それが大人だということになっています。しかし、データサイエンティストの、しかも、仕事ができる人の多くにとっては、そうではありません。好き嫌いなのですから、見方によっては、選り好みしていることになりますが、わがままで自分の好き嫌いを主張しているというよりは、できる、できないの問題と解釈した方が良さそうです。彼ら・彼女らは、嫌いなことはできないのです。それは、高いところが怖

いと綱渡りができないように、どうしようもないことなのです。

高いところを怖いと思う人に、我慢して綱渡りをせよと命じるのは、パワハラ以外の何物でもありません。同じく、データサイエンティストに嫌いなことをやれと命令するのは、好ましくありません。やめた方が良いでしょう。

反対に、好きなことには一般を超えた能力を発揮するとともに、ほぼ寝食を忘れて没頭することができます。逆にやりすぎて体を壊すのではないかと心配するくらいです。

最近有名になってきたので、みなさんもご存じかと思いますが、Kaggle というデータ解析のコンペがあります。Kaggle のサイト（www.kaggle.com）には、スポンサー企業からデータサイエンスによって解決して欲しい課題が、それこそ綺羅星のように掲載されています。それを解く競争（コンペ）が行われ、優秀者には賞金が与えられます。いわば、データ解析というパズルをといて、賞金がもらえるというわけです（74頁 コラム1を参照）。企業側は、データと賞金を提供する代わりに、提出された解答をビジネスで利用することができます。データサイエンスによって解決すべき課題を、いわばコンペという形でアウトソーシングしたことになるわけです。

このKaggle の課題は、スポンサー企業の課題を解決するためのものですから、実際の生きたデータが提供されます。机上で作られたToy Problem ではありません。ですから、手強いと同時に、取り組むのがとても面白いのです。データサイエンティストの多くはKaggle をやっています。趣味がKaggleという人も多いです。月曜から金曜まで、仕事でデータサイエンスをやり、土日は趣味でデータサイエンスをやるということになります（平日の仕事の後や前にもやったりします）。ご飯を食べて、寝る以外は全てデータサイエンスの生活になっているのです。

まだクラウドの計算環境が一般的ではなかった昔に、Kaggle Masterの熊本さんに、年末年始どうするのかと聞いたら、2泊3日で実家に帰るというので、もう少しゆっくりしないのかと尋ねたら、「実家には環境がないので、早く帰ってきたいんです」と答えます。「環境？ ご実家が都会で自然が少ないとかですか」と訝しがると、「いえ、東京の自分の部屋に帰ればMacで組んだHadoop環境もあるのですが、実家には何もないので、計算が遅くて困るんです」と言うのです。要するに、年末年始であろうといつであろうと、24時間、365日、自分が好きなデータ分析をやっていたいのです。

そしてその成果は、世界で何位だとか、そういうレベルに達し、場合によってはかなり高額の賞金を得ることにもなります。しかし、彼ら・彼女らが賞金のためにやっているのかというと、お金よりも、何よりそれが「面白い」から、「楽しい」からこそやっているようなのです。嫌いなことには力を発揮できませんが、好きなことだと、本当に頼りになるのがデータサイエンティストなのです。だから、スポンサー企業の方々も、データと賞金を提供して課題を解決してもらおうとするのでしょう。

ｄ・データサイエンティストはとてもデリケートである

何か問題が生じた際に、データサイエンティストの多くは、積極的に攻めていくというよりは、自分を殺すことによって消極的に事態に対処することが多いです。例えば、「チームの他のメンバーに迷惑がかかる」と言われたような場合に、自分がいなくなれば良いのだというように考えます。しかし、稀に、積極的に攻勢に出ることもあります。これは人それぞれの個性の問題なのでしょうか。それとも、何か法則のようなものがあるのでしょうか。

データサイエンティストがどこで攻勢に出て、どこでは消極的なのかは、やはり野生動物のことを考えるとよくわかります。普段はおとなしい草食動物たちも、一度、自分の縄張りに侵入してきた相手には、非常に強く攻勢に出ます。同じようにデータサイエンティストたちも、自分のこの部分は他人には触れさせたくないという領域を持っていて、そこに外部から手を突っ込まれることには、全力を以って抵抗するのです。それはまるで、自分の縄張りに侵入したものを執拗に攻撃するイトヨのようです。

問題は、どこに「自分の縄張り」が設定されているかです。これが同じデータサイエンティストであっても、個人個人で異なっています。そこで、誰かには大丈夫だったことを別の人にもやって、地雷を踏んでしまうということがあり得ます。その縄張りの線が、どこに引かれているのかを見定めることが極めて重要なのです。

ここまではデリケートと言っても、彼ら・彼女らが積極的に反応してくれるので、問題が顕在化しやすいという面を持っています。そうではなく、彼ら・彼女らが積極的に声を上げない部分にこそ、大きな問題が隠されていることも多いのです。彼ら・彼女らは、自分の不可侵の領域についての防衛意識は高いのですが、それ以外の場面では、積極的な自己主張というものをしません。「チームの他のメンバーの迷惑になる」と言われれば、「私のどこが迷惑なんですか?」と、食ってかかるようなことは、まずしません。彼ら・彼女らはむしろ、「私が迷惑なんだったら、私がいなくなった方が良いんですよね」と、やめてしまうのです。

また、データサイエンティストの多くは、争いや、激しいことが嫌いですし、大声や騒音が苦手です。彼ら・彼女らの席を営業さん達の近くにしてはいけません。電話が頻繁に鳴り、大声で、時には喧嘩腰で会話する人たちがいる場所では、安らかにしていられないからです。そういう点では、彼ら・彼女らは、ちょっと陽に当てると火傷したり、少しでも水温が上がると茹で上がったりしてしまうウーパールーパーのようにデリケートなのです。

「お姫様」扱いしてくださいね。そうでないと死んでしまいます。

e・データサイエンティストには自由が必要である

データサイエンティストは押さえつけられるのが嫌いです。とはいえ、一昔前の中学生のように、押さえつけられたからと言って、バイクを盗んで暴走したり、夜中の学校へ忍び込んでガラスを割るようなことはしません。ただ、大人しくしていて、ある日ストレスで死んでしまう＝やめてしまうのです。

宮城さんのようなタイプは、わかりやすいだけに扱いやすいです。彼はまさに自由な人です。そこにいるだけで、「自由に＝勝手にさせてね」という雰囲気（オーラ）をまとっています。ところが、多くのデータサイエンティストたちは、自由を必要としていることを、あまり表には出しません。夏服はアロハシャツだったり、会社に短パンで来るようなら、すぐにわかるのですが、自由を愛するデータサイエンティストたちには、一目でわかるような格好をしていない人も多いのです。いわば、「隠れ自由人」です。

彼ら・彼女らの多くは自分独自の方法・やり方というのを持っています。積極的に自由を主張するというより、彼や彼女のやり方が世間一般のやり方とあまりに違っているので、自由に見えてしまうのです。練馬さんの睡眠の取り方、逆に言えば起きている状態は、普通の人とはかなり違っています。練馬さんは起きていないわけではありません。「起きている」そのスタイルが、だいぶ変わっているというだけなのです。しかし、見ようによっては、お客様の前でもグーグー寝てしまうというのは、かなり「自由」な、ワイルドな人だと捉えられてしまうかもしれません。

そこまでではないとしても、朝起きられないとか、好きなことしかできないという、彼ら・彼女らの「働き方」は、従来の「仕事観」からすると、自由奔放というか、勝手気儘と捉えられてしまうのではないでしょうか。しかし、実際のところは、「自由」だなんだということではなく、彼ら・彼女らの行動は、やむにやまれぬ、そうでしかあり得ないものなのです。そのため、そのやり方を禁じられれば、彼ら・彼女らは生きていけないかどうかは別にしても、少なくとも求められるようなパフォーマンスが発揮できないことは間違いありません。

逆に言えば、データサイエンティストたちに高いパフォーマンスを発揮してもらうためには、彼ら・彼女らの自由を守ることが、是非とも必要です。そして、データサイエンティストの自由を守るということは、彼ら・彼女らのやり方を認めるということであり、なんらかの「型」に押し込めることを決してしないということを意味します。

要するに「放し飼い」ということであり、彼ら・彼女らの「好きなように」させるということです。ここで大きな問題になるのは、「好きなように」がそれぞれに異なる、しかもかなり異なるということです。リスパークを作って成功したからといって、プレイリードックのパークを同じ要領で作って二匹目のドジョウを狙おうとしてもうまくいきません。同じげっ歯類で、同じように「可愛い」動物ですが、全く違う生態を持っているからです。(リスとは違い、プレイリードックの巣は地下に数平方キロメートルにわたって広がっています。）同様に、データサイエンティストの彼ら・彼女らは、似ているようでいて、誰一人として同じではないこともまた事実なのです。

例えば、出社時間の問題と言っても、朝が苦手だから11時以降でないと出社してこないという人もいれば、次のような例もあります。山口さんは毎日朝10時に出社してきます。そして夜10時に退社します。それは業務が忙しかろうと暇だろうと関係なく、10時から10時なのです。暇なときは何をしているかというと、会社のデスクで本を読んでいます。趣味の読書ですから業務には全く関係ありません。それは徹底していて出張の時も変わりません。夜の８時に羽田空港に到着すると、同行していた他の人たちは直帰しますが、山口さんだけは会社に寄って、10時までいます。それは土曜・日曜・祝日も変わりません。そのため、山口さんは少し高い家賃を払って会社の近くのマンションに住んでいます。山口さんが出社しないのは夏休みと年末年始休みだけです。

わたしのお家は地下にあるので狭いんだけど、
東京ドーム10個分くらいかなあ。

昨今の働き方改革の時代に、これを「放し飼い」にするのはかなり問題があることはお分かりでしょう。どこからどこまでが業務時間なのかはっきりしないし、総労働時間を少なくするためにも、用がない＝仕事をしないなら、さっさと帰って欲しいというのが管理職の本音でしょう。しかし、山口さんにとっては、10時から10時まで会社にいるというのが生活の背骨をなしているので、これを変えるのは大変難しいのです。（学生時代の山口さんは朝10時から夜10時まででではなく、朝10時から翌朝10時まで、研究室に住んでいたのだそうです。）

データサイエンティストは自由を欲します。しかし、そのまま「放し飼い」にしておいては収拾がつきません。それをどうしていくのかが、まさに、管理者のみなさんの問題なのです。

コラム1：Kaggleについて

Kaggleとは、スポンサーがデータと課題、および賞金を提供することにより開催される、データ分析の競技プラットフォームです。何か解決したい課題を抱えた企業や研究組織が、世界中のデータ分析の猛者に解決方法を募り、その成果を活用することができます。参加するデータサイエンティストたちは、その賞金欲しさに、あるいは名誉のために、もしくは自分の技術力を向上させるためになど、様々な理由でこのプラットフォームを利用しています。

ある日、Kaggleのサイト（www.kaggle.com）を訪れると、図1のようなコンペティション（競

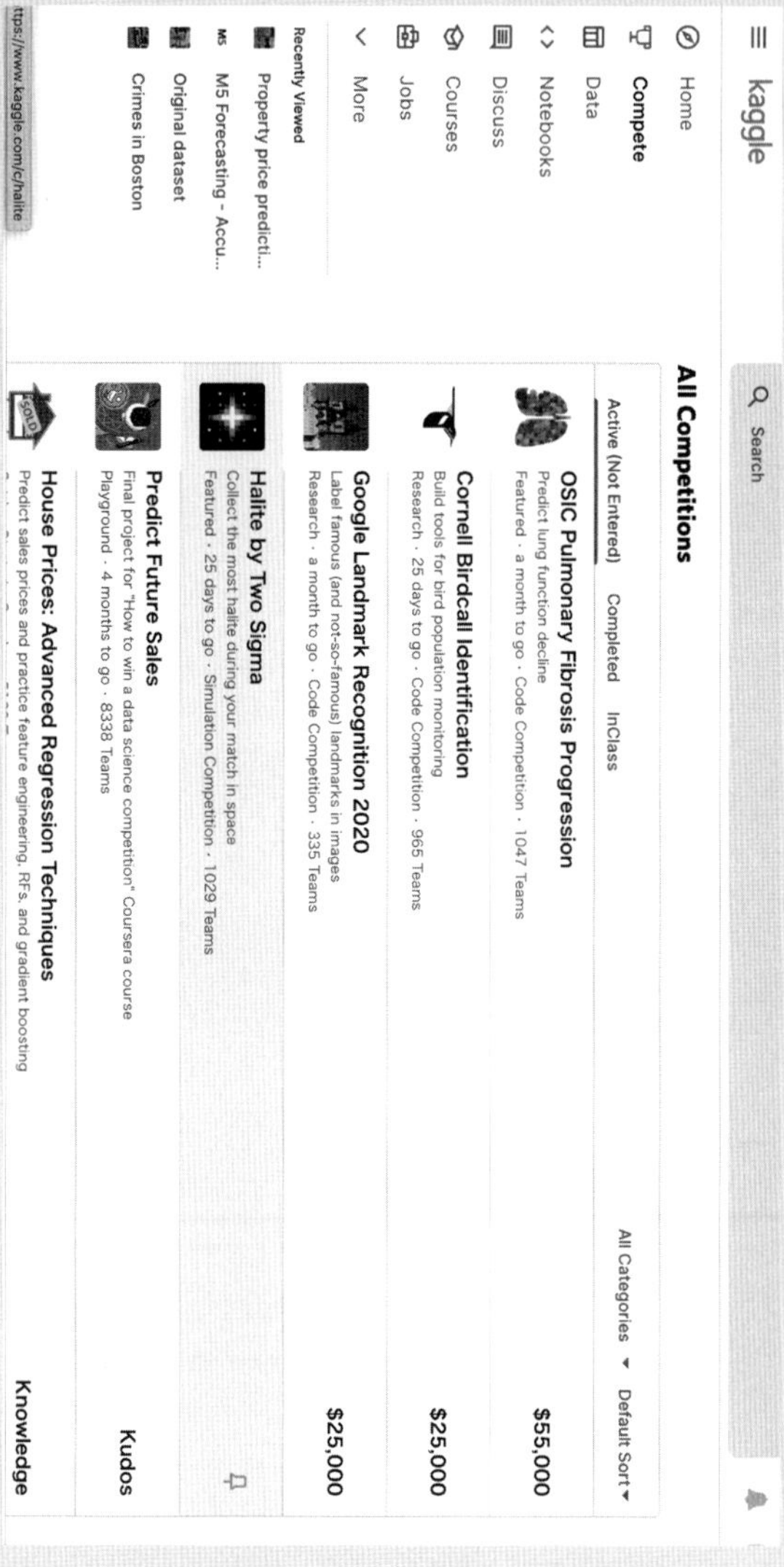

図１
（出所：www.kaggle.com）

技・以下「コンペ」と略称します）が行われていました（図に示したのはその一部です）。たとえば、一番上にある「OSIC Pulmonary Fibrosis Progression」だと、賞金は$55,000ですから、日本円で600万円くらいになります。

Kaggleに登録している人はすでに10万人以上になっていますが、参加者各人は、それぞれのコンペにおける順位に応じたポイントを獲得することができて、累計ポイントやコンペでの入賞経験などから称号を得ます。また、ポイントによるその時点でのランキングも発表されます。図2が、さきほどと同じ日のランキングのトップの様子です。

各コンペでは、優勝者の他に上位者に「Gold」、「Silver」、「Bronze」のメダルが授与されます。称号は、入門者の「Novice」から始まり、

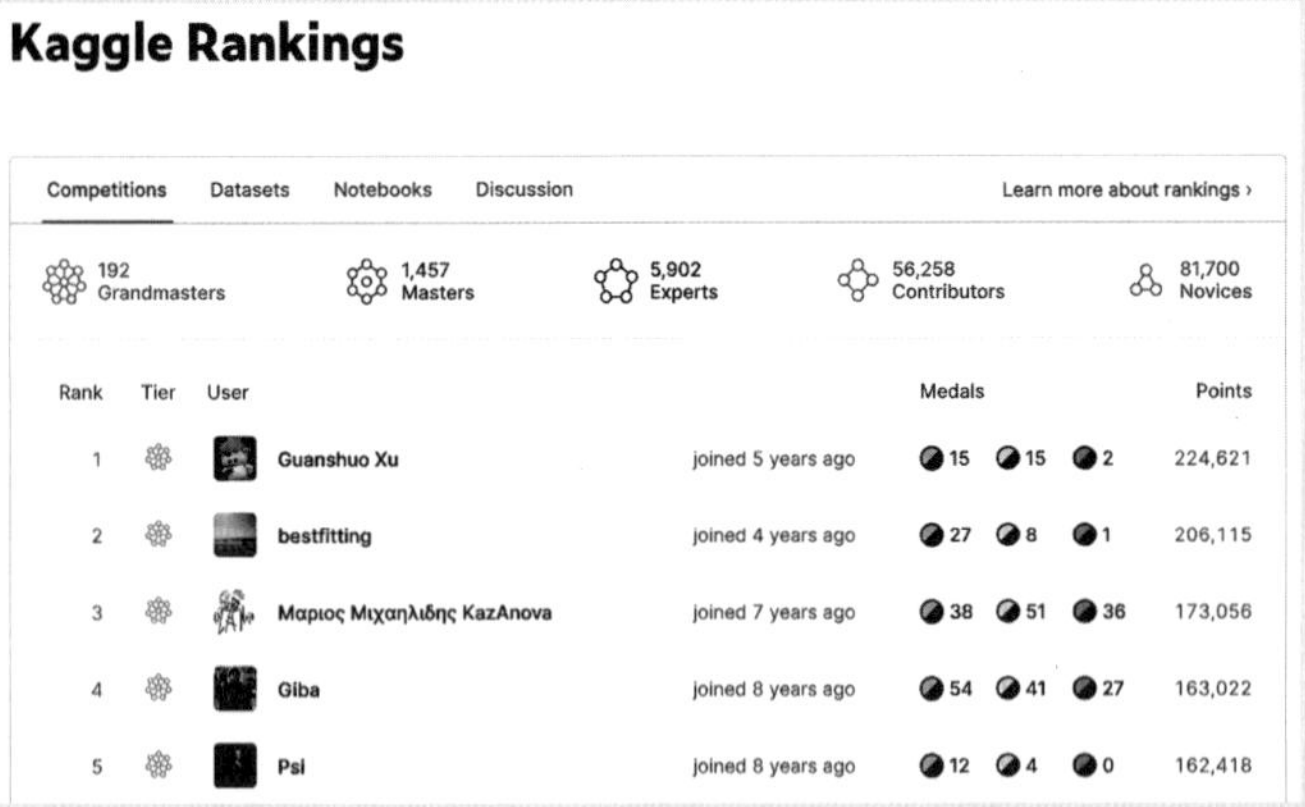

	Competitions	Datasets	Notebooks	Discussion			Learn more about rankings ›
192 Grandmasters		1,457 Masters		5,902 Experts		56,258 Contributors	81,700 Novices

Rank	Tier	User			Medals			Points
1		Guanshuo Xu		joined 5 years ago	🥇15	🥈15	🥉2	224,621
2		bestfitting		joined 4 years ago	🥇27	🥈8	🥉1	206,115
3		Μαριος Μιχαηλιδης KazAnova		joined 7 years ago	🥇38	🥈51	🥉36	173,056
4		Giba		joined 8 years ago	🥇54	🥈41	🥉27	163,022
5		Psi		joined 8 years ago	🥇12	🥈4	🥉0	162,418

図2
（出所：www.kaggle.com）

「Contributor」、「Expert」（この辺りから、人に自慢できるようになります）、そして「Master」（ここまでくると履歴書に書いても構わないレベルです）、「Grandmaster」と続きます。最近のデータサイエンティストの求人市場では、何をアピールするよりも、Kaggle の称号や獲得したメダルの数が一番効果的であるとも言われています。

3　希少生物の飼育係として

(1)　マネージャー＝飼育係の仕事

ここまで読んだ方の中には、次のように感じる方もいるかもしれません。「本当にデータサイエンティストって、こんなにめんどくさい人達なの？」と。確かに「めんどくさい」です。そのめんどくささは、きっと犬猫しか飼ったことのない人が、動物好きの彼女に見栄はって「俺は動物好きだからさあ」と言って、彼女の旅行中にグリーンイグアナを預かることになった時に感じるくらいには、めんどくさいです。

グリーンイグアナは、温度管理や湿度管理が必要で、餌も色とりどりの新鮮な野菜をあげなければならないなど、犬や猫に比べると必要なケアが多く、言ってみれば飼うのが大変に面倒な動物です。その反面で、飼い主になつき、言葉さえ理解しますし、また、あのゆっくりとした仕草がたまらなく可愛いのです。データサイエンティストもまた、大変「めんどくさい」人たちなのですが、彼ら・彼女らはとても優秀で、困難なビジネス課題を解決するためにはとても重要なのです。

そうは言っても、「もっと扱いやすくて、でも優秀な人だっているでしょう」と言う方もいるかもしれません。確かに、いない訳ではありません。喩えて言うなら、「バッターとしても優秀で4番を打てるくらいで、さらにピッチャーとしてもすごくて先発完投してしまうような人」というようなものでしょうか。いないわけではありませんよね。「存在する」ということの証明自体は、大谷翔平1人を挙げれば足ります。しかし、そういう人が多くいるかと言うと、大谷翔平くらいしかいません。地球上にはまだ知られていない民族がいて、その出身者は大谷翔平のような身体能力に恵まれているとか、世界にはまだ知られていないスポーツがあって、その選手たちは野球に転向すると大谷翔平クラスの活躍をするなどということはないのです。

同じように、データサイエンティストとしての優れた技術力を持ちながら、コミュニケーション上手で、常に先を読んで行動し、スケジュールに遅れたことなど一度もない、そんな人もいないわけではありません。しかし、そんな素晴らしいデータサイエンティストに出会うことは滅多にありません。そして、そういう人に出会う機会があったとしても、その人があなたの会社に入ってくれるかどうかはわかりません。

マネージャーであるあなたは、完璧ではないメンバーとチームを組まなければなりません。完璧ではない彼や彼女は、良い面もありますが、どこか困った面も持っています。彼や彼女の良い面を活用するためには、困った面を引き受けなければなりません。

あなたは、以下の６つの究極の選択で、どちらを選びますか？

a・良い子と使える子

Ａ・「良い子」だけれども、「使えない」データサイエンティスト

Ｂ・「良い子」ではないけれども、「使える」データサイエンティスト

b・中身と見せ方

Ａ・中身はないのだけれども、あるように見せるコミュニケーション能力の高い人

Ｂ・中身はあるのだけれども、それを見せることが上手でない人

c・当たり前の簡単なことと、誰もやったことのない難しいこと

Ａ・当たり前の簡単なことを並行作業できる人

Ｂ・誰もやったことのない難しいことに取り組めるけれども、簡単なことの並行作業はできない人

d・好き嫌いの激しい人

A・何事でもそつなく合格点を出すけれども、合格点どまりの人
B・好きなことにはものすごい力を発揮するけれども、好きでないことには全く期待できない人

e・自由を愛する人

A・カレンダー通り、社内規定通りの休みを取るけれども、平凡な分析しかできない人
B・自分の都合で勝手に休んでしまうけれども、分析の質はとても高い人

f・寝てしまう人

A・平凡なレポートしか書けないけれども、お客様の前で寝ない人
B・とても優れたレポートを書くけれども、お客様の前で寝てしまう人

このうちで1つでもAを選んだ人は、マネージャーとしてのあり方を考え直したほうが良いと思います。理由は簡単です。自らの「楽」を、データサイエンスの仕事の「成果」よりも優先しているからです。マネージャーに要求されていることは、与えられた課題に対して、メンバーと一緒に最善の効果を出すことであって、自分が楽をすることではありません。どんな仕事でも、与えられたミッションの達成が目標になるのであって、自分が楽をすることが目的でないのは明白です。

私たちは2択で、成果を上げられる人と上げられない人を選ぶなら、成果を上げられる人を選ぶべきなのです。たとえその人に一癖も二癖もあって、かなり「めんどくさい」人であっても、そうすべ

きです。扱いやすいからという理由で、成果を上げられない人を選んではいけないのです。その人に実力を発揮してもらって、チームとして成果を上げるために何をすべきなのかを考え、実行していくことがマネージャーの仕事です。ですから、「めんどくさい人たち」を相手にして、様々な方法で彼ら・彼女らの力を引き出していくことが、みなさんに求められているのです。言うならば、みなさんは「がんばれ！ベアーズ」の監督であって、シーズンオフにホームランバッターを何人もＦＡさせて獲得するような金満チームの監督ではないのです。

別の言い方をすれば、データサイエンティストのマネージャーの仕事は、いわば、芸能プロダクションのマネージャーのようなものです。「こんな子供のわがままを、なぜ大の大人の俺が聞かなくてはいけないのか？」などと考えていたら、タレントのマネージャーは務まりません。マネージャーや、その家族の生活を支える給料を稼ぎ出すのは、そのタレントがファンに向ける笑顔や、嫌な顔もせずに何百人とする握手なのですから、「私がコーラって言ったら、メッツコーラなの」とか、「必ず15分前には撮影所の裏に車を寄せて待っていること」という要求に応えなくてどうしましょう？

その苦労は、冬でも新鮮なユーカリを手に入れなければならないコアラの飼育係と同じです。コアラがユーカリでなければダメだと言うのですから、お手軽に駅前のスーパーの余った野菜クズをやるわけにはいかないのです。

(2) 希少生物を死なせないという使命

マネージャーであるあなたの使命は、まずは希少生物であるデータサイエンティストを死なせない=やめさせないことです。

データサイエンティストという希少生物たちは、どうしてこうも簡単に死んで=やめてしまうのでしょう。もう答えは明らかですね。過ごしにくい環境だから死んでしまうのです。

本章の冒頭で挙げた金沢さんと水戸さんの例を思い出してください。そこで示唆したのは、「過ごしやすい」環境ということでした。すでに会社にいる人たちが「過ごしやすい」と感じる環境であれば、彼ら・彼女らもやめることはないでしょうし、そうした「過ごしやすい」環境では、新しい仲間も増えていく傾向にあります。では、どういう環境がデータサイエンティストにとって「過ごしやすい」のでしょうか？　金沢さんや水戸さんの会社の環境は、どこが「過ごしにくかった」のでしょうか？

もしかしたら、それは出社時間に厳しいせいかもしれません。毎日朝9時出社で、9時15分から定例の「朝会」があって、それに出席しないと業務がうまく回っていかないからなのかもしれません。あるいは仕事がつまらないのかもしれません。プロジェクトの最初の数ヶ月は、新しい課題、新しいデータに出会って、ワクワクして仕事をしていたのが、モデルが完成した後は、クライアントのシステム部のために仕様書を作ったり、モデルが運用されるようになると、こまごましたクライアントからの質問への対応や、最初はなかった要件の追加などが続いて飽きてしまったのかもしれません。

実際のところやめる理由はそれぞれでしょうから、原因がどこまで判明するかはわかりませんし、追及する必要もないように思います。それよりも、もっと根本的な原因があります。管理職である金沢さんや水戸さんは、自分の価値観からしかものを見ておらず、データサイエンティストの彼ら・彼女らが本当に何を求めているのか、何が得意で何が不得意かを、個々に理解しようとはしていません。それこそが、最大の問題です。

また、誰かに当てはまった「正解」をデータサイエンティスト全てに適用しようとしているのかもしれません。ある人は「お金」で全てが解決したとしても、それが全てのデータサイエンティストに通用するわけではありません。管理者たる者は、データサイエンティストの彼ら・彼女らに、「個々に」対応する必要があるのです。データサイエンティストを十把一からげにして扱うことはできません。それは大きな哺乳類だからと言って、象と鯨を一緒に扱うというようなものです。また、昔からこうだったからという理屈も彼ら・彼女らには通用しません。「営業は足でするもんだ！」と言っても、靴の潰し合いっこに参加してくれるような人たちではありません。そんなことを言えば、まず最初に「どういうエビデンスがあるんですか？」と返されることでしょう。そして、ほとんどの場合、彼ら・彼女らの考えは理に適っているのです。

ですから、ほんとうにやめないで欲しいなら、理由探しをやめましょう。彼ら・彼女らの立ち場に立つことができないのに、理由がわかるはずがありません。理由探しをする代わりに、データサイエンティストの彼ら・彼女ら個々に向き合う時間を増やしましょう。そうすれば、彼ら・彼女らが「どうして欲しいのか。何が嫌なのか」が、わかると思います。

(3) 生物多様性の保護

しかし、次のように考える方もいるかもしれません。データサイエンティストと仕事をするためには、彼ら・彼女らの特性を考えて、それに「合わせて」いかなければならないということはわかった。でも、何人も雇うのに、それぞれが違っていると管理が大変だから、同じようなタイプを集めて、そのタイプ用の対応をしておけば良いのではないかと。いわば、動物園ではなくて、熊牧場を作るというアプローチですね。あっちも熊、こっちも熊。管理する方も、「熊の飼い方」さえ知っていれば十分であるというやり方です。確かに、このやり方でうまくいく場合もあるでしょう。しかし、よく考えてみてください。日本全国に熊牧場がいくつあるのか、その数が動物園と比べてどれくらいなのかを。

同じタイプのデータサイエンティストばかりを集めることには賛成できません。データサイエンスの業務はチームで行うことが多いです。その際に同じような人ばかりのチームよりも、異なったタイプの人たちが集まったチームの方が豊富なアイデアが生まれ、良い仕事になることが多いのです。

人間は本当に人それぞれに違います。そしてその違いをうまく活用することが大事だと私も痛感しています。データ分析をするときの発想の豊かさというのは、数学がどれだけできるかということとは、あまり関係がありません。データサイエンスのスキルのサイエンス力については、確かに数学の力は必要ですし、数学が得意な人には一定のアドヴァンテージがあります。しかし、こと発想比べになると、数学が苦手でも良い発想を次々と生み出す人がいます。

データサイエンティスト協会では、２０１８年の夏に小学生とその家族のために「夏休みの自由研究はこれで決まり！ 親子で学ぶデータサイエンス ｉｎ 逗子」という企画を実施しました(http://www.datascientist.or.jp/dssjournal/2018/09/04/skill-newsletter-12)。お題は、逗子駅の近くに新しくコンビニを出店するとして、３つの候補地のどれにすれば良いかをデータを使って決定するというものでした。人口分布や駅の乗降客数などのオープンデータの他に、「自分の足で集める」データということで、フィールドワークの時間もとりました。どこでどういう調査をしようかということを話し合う中で、小学5年生の参加者たちは、さまざまなアイデアを出します。それは大人顔負けというか、先入観にとらわれて見過ごしていたことを、彼らの意見に従って調査してみると、「なるほど、そうだったのか」という発見がありました。発想の良し悪しに大人や子供の違いはありませんし、逆にチームの中で良い発想を出し合うためには、色々な人がいた方が良いのです。

数年前に、銀行の方々を招いて「店舗マーケティング」の勉強会をするということで、講師に招かれたことがあります。驚いたのは約20行、四十数名の参加者のうち、女性がたった1人だったことです。男女共同参画がどうこうということではなく、そもそも平日の昼間しか空いていない銀行の店舗に来るお客様の男女比は、女性に大きく傾いています。それなのに、男性だけで店舗のマーケティングをどう考えようというのでしょうか。

商品開発をしているマーケッターと話をするときに、褒め言葉としてよく使われる、「おばさんぽい」という言葉があります。男性のデザイナーであっても「おばさんぽい」人が、次々とヒット商品を生み出すことが多いのです。ＬＧＢＴの方々の存在も大きいと思います。マツコ・デラックスさんやミッツ・マングローブさんらは、その発言を聞いていると、とても優れたマーケッターなのだと思います。他人と違う感性を持ち、それを自分の言葉として表現できることはとても重要な才能です。私たちがチームとして仕事をするのであれば、多くの異なった感性をうまく活用することがとても大事であると思います。

そういう意味で、「生物多様性」がとても重要なのです。生き物の数が多いと言っても、1種類だけではいけません。種類の多さも重要なのです。個体数の多さではなく、種類の多さがその生態系の豊かさを示すのです。

(4) パフォーマンスを出させるために

ここまで、マネージャーの役割として、「やめさせないこと」と「多様性を作り出すこと」を挙げてきましたが、これらはやるべきことの半分に過ぎません。ここまではマネージャーとして必須の仕事であり、ここから先ができるかどうかで、一飼育員か、あるいは園長にまでなるかが違ってきます。

マネージャーとしてのもう一つの役割は、パフォーマンスを出させることです。動物園に色々な動物がいることは当たり前でしょう。そこからさらに、人気のある動物園にするためには、それらの動物をどのように見せて、来場したお客さんに喜んでもらうかということを工夫しなければなりません。同じように、データサイエンティストのチームをマネジメントするのであれば、多様な個性を持ったチームを維持するだけではなく、そのメンバーたちにパフォーマンスを発揮してもらわなければいけません。では、どうすれば良いのでしょうか？

基本は芸能プロダクションのマネージャーに学びましょう。彼らマネージャーの第一の役割は、「タレント」すなわち、才能を発揮させることです。つまりは、タレントの持っている良いところを引き出すことであって、間違っても不得意なところ、弱点を矯正することではありません。見せるべきなのは、ハシビロコウの「じっとしている」姿であって、その動いている姿ではありません。

単純な作業でもそれが複数同時並行しなければならないとなると、途端に「できなく」なってしまうが、難しい問題に集中すると、とても良いパフォーマンスを出す川崎さんがチームのメンバーにいたとしましょう。マネージャーとしてのあなたの役目は、川崎さんが人並みに並行作業ができるようにすることではありません。人並みの仕事なのであれば、それができる誰か他の人にやってもらえば良いのです。川崎さんには、誰もトライしたことがないような仕事をお願いする、逆に言えば、川崎さんにお願いすべき難しい課題を見つけて、それに川崎さんをアサインするのがみなさんの仕事なのです。

芸能プロダクションであれば、仕事を取ってくるのもマネージャーの仕事でしょうが、データサイエンティストを雇うような会社だと、仕事を取ってくるのは営業で、マネージャーであるみなさんの仕事ではないかもしれません。だとすれば、営業部門に対して、川崎さんにふさわしい仕事を取ってくるように要求すべきなのです。そういう仕事がないからといって、場つなぎのように、来た仕事をチーム内にただ割り振って、そのために不得意な仕事をメンバーにさせるようでは、それはマネジメ

何もしないのがわたしの仕事です。

ントとは言えないでしょう。

川崎さんが勤めていた会社では、窮状を見かねた役員が、ある研究所と提携を結び、そこで行われている専門的な研究に彼をアサインしました。おかげで川崎さんは、一つの難しい課題に集中する環境を与えられたことで実力を発揮し、研究所の中でも頼りにされるようになって、並行作業の問題から解放されることとなりました。

また、好きなことでしか実力を発揮できない袖ヶ浦さんは、入社した会社が小規模なベンチャー企業だったおかげで、すぐにその評判が社長の知るところとなりました。社長は、お客様からの高い評価を活かし、袖ヶ浦さんを高く売るための作戦を立てました。社長はことあるごとに、様々な手段（ブログやツイッター、社外の講演会やセミナーなど）を使って、袖ヶ浦さんの実績をアピールしました。そうすることによって、いつの間にか袖ヶ浦さんはこの分野の専門家という立ち位置を獲得し、会社にも、この分野の仕事が増えていきました。おかげで袖ヶ浦さんは、自分の好きな、アニメに関するデータ分析の仕事だけをしていても、十分に会社に貢献できることになったのです。

最後に、睡眠障害のために、お客様の前であろうとどこであろうと寝てしまう練馬さんはどうしているでしょうか。練馬さんの会社も、幸い小規模なベンチャー企業であったため、彼の実力と問題を認識した社長による特別扱いも、社内の理解を得やすかったようです。練馬さんは何時に出社しても良いし、出社しないで在宅で勤務しても良いことになりました。また、仕事も、お客様への報告などは別の担当者が行い、練馬さんは、バックエンドでのデータの分析や、新技術の動向のレビューを行えば良いことになりました。

皆がそれぞれ自分の得意なことで活躍すれば良いのであって、皆が同じことをする必要はありません。ましてや、同じことをするために、不得意なことを強いるようなことは、大事な希少生物を殺してしまう愚かな行いだと言わざるを得ません。

しかし、これではマネージャーのもう半分の重要な仕事という割には、「やめさせない」こととの区別があまり明確ではありませんし、何か独自の役割があるようにも思えません。実際、どうなのでしょうか。芸能プロダクションのマネージャーに再び学びましょう。彼らマネージャーは、タレントが、まさにその「タレント」を発揮しやすくする以上に、何かしているでしょうか。マネージャーが演技を教えたり、あるいは良いマネージャーが付くと、急にスタイルが良くなったり、歌がうまくなったりするのでしょうか？　そんなことはありません。あくまでマネージャーはタレントが持っている才能をうまく発揮してもらうように環境を整えるだけです。そこで一番重要なのは、担当するタレントがどういう才能を持っているのかを見出すことです。これこそ、マネージャーの腕の見せどころです。アイドルの王道を歩んできたタレントにお笑いをやらせてみたり、あるいはニュース番組の司会をやらせてみたり、タレントの持つ新たな可能性を見出し、仕事としていく。優秀なマネージャーはそういうことをやりとげます。

データサイエンティストのマネージャーも、彼ら・彼女らの得意とするところ、不得意なところを把握して、持っている能力を存分に発揮してもらうことを目指さなければなりません。それこそが、パフォーマンスを発揮させるということなのです。

本章では、データサイエンティストという希少生物がどのような特徴を持っているのか、また、彼ら・彼女らをマネジメントする人が何をやるべきで、何をやってはいけないのかについて、基本的なことを述べてきました。次章では、データサイエンティストという希少生物を育てる際の工夫を、実例を交えて具体的に述べていきます。

第3章　データサイエンティストが生きる環境を整える

前章では、データサイエンティストという職業がどういうものなのかという話から始めて、実際に彼ら・彼女らは、どのような人達なのかについて説明してきました。

データサイエンティストは、大きくビジネスを変革するポテンシャルを持っている、これからの世の中にとってとても重要な役割を担う人々です。しかし、彼ら・彼女らは、①他の人が真似できないような高度なスキルを持つ一方で、誰もができるようなことができなかったり、②仕事に対する好き嫌いが激しく、好きなことには高い能力を発揮するのに、嫌いなことには全く能力を発揮できなかったり、あるいは③とてもデリケートで、意外なところで傷ついてしまうかと思えば、地雷を踏むと予想外の攻撃性を見せたり、④それぞれが異なった自由を必要とするために、管理するのが非常に難しいという特徴を持っています。こういう「めんどくさい」人たちは、ちょっと対応を間違えるとすぐに死んでしまう希少生物のように、早々にあなたの会社をやめていってしまいます。

すぐに社員がやめてしまうような会社には、なかなか良い社員が集まらないという問題もあります。そして、データサイエンティストがすぐにやめてしまうような状態では、彼ら・彼女らのポテンシャルを十分に活用することも難しいでしょう。マネージャーのみなさんがやるべきことは、居心地の良い環境を作ることによって、希少生物であるデータサイエンティストが死なない＝やめない会社にし、良いデータサイエンティストを集めること、そして居心地が良いからこそ、彼ら・彼女らがそのポテンシャルを発揮して、ビジネスをドライブしていけるようにすることです。

本章では、より具体的に、マネージャーとしてみなさんがやるべきことについて述べていきます。居心地の良い環境を作るということで、生き物の飼い方・育て方に関する多くの書物にならって、「棲処」「食べ物」「繁殖」の3つに分けて説明します。思い出してください。あなたが初めて金魚を飼った時に、小学校の図書館で借りてきた「金魚の飼い方・育て方」を。そこには、まず、水槽の選び方、水の大切さ（カルキ抜きの方法など）、水草を入れることなどが書いてあったはずです。次にどんな餌をやれば良いのか、餌をやるインターバルなども書いてあったでしょう。そして最後に、どのようにすれば卵を産んで増えるのかということも解説があったはずです。

データサイエンティストについても同じように、彼ら・彼女らが仕事をする場というのは、どのようであるべきか、何を揃えなければならないのか、また、どのような仕事（餌にあたります）がふさわしいのか、そして最後に、メンバーが成果を発揮し、増員されてより大きな組織となるためには何が必要なのかを述べていきます。

(1) 棲処《すみか》：働きやすい環境とは？

パンダにはパンダの、コアラにはコアラの居心地良い棲処があるように、データサイエンティストにもまた、居心地の良い場というものがあります。「場」ですから、ここでまず重要なのは、データサイエンティストが仕事をする場所がどのようになっているかです。具体的に言えば、机の大きさやパーテーションの有無、周りに誰がどのように配置されているかなどの、オフィス・デザインの問題です。

データサイエンティストたちは自由が好きですから、何者にも干渉されない、独立した空間を好みます。言ってみれば、自分の「巣」で仕事をしたいのです。巣は他から独立している必要があります。隣の人と、肘と肘がぶつかってしまうようではいけません。ですので、机は広いものである必要があります。また、巣は敵から見つかりにくいようにしなければなりません。そこで、パーテーションや、机の構成の仕方によって、周囲から切り離されている必要があります。できれば、秘密基地のようになっているのがベストです。

ある会社では、高いパーテーションでそれぞれの机が区切られていて、業務中、絶対に前の人や、左右にいる人と目が合うことはありません。そうすることで、集中できる環境を維持することに努

ここがわたしの「城」です。

めています。またある会社では、横長の机をL字型に折ってまるで基地のような仕事スペースを作っています。パーテーションにも助けられ、机に向かうと自分の世界に没頭することができます。基地の中は様々なグッズに彩られています。そこは治外法権であり、上司であっても口出しすることはできません。

安全な「巣」を作ることは、単に空間デザインをどうするかだけで実現できるわけではありません。周りの環境も重要です。あまり騒がしいところは、巣を作るのにふさわしい場所ではありません。ですから、データサイエンティストの棲処の近くに、声の大きいアグレッシブな人たちを配置することは好ましくありません。

ある会社では、データサイエンティストたちの仕事スペースを「ジャングル」と呼んで、営業社員たちのいる「サバンナ」と截然と分けています。デリケートで守ってあげなければならないデータサイエンティストたちには、観葉植物に囲まれ、周りから姿を隠すことのできる場所が確保されていて、弱肉強食の営業マンたちがいる、よくあるオープンな事務机の並んだスペースとは区別されているのです。

これで一人一人の「巣」ができました。しかし、それだけではいけません。それぞれのデータサイエンティストたちが自分の巣にこもったままでは、仕事にはなりません。多様な生き物が集まる、いわば「水場」のようなところが必要なのです。

データサイエンティストが勤める会社の多くは、「ミーティング・スペース」などの名称で、気軽に集まれる場所を作っています。会議室となると、来客で使えないことも多いですし、何より、あらかじめ予約しなければならないというのが、データサイエンティストたちにとって使い勝手を悪くしています。彼ら・彼女らは、何かを思いついた時にそのアイデアについて議論をしたいので、部屋の大きさなどは重要ではありません。部屋として閉じられていなくても十分なのです。その代わりに、ホワイトボードは必須です。もう一つ重要なのは、リラックスできる雰囲気を持った空間であることです。データサイエンティストではありませんが、リアルタイム３ＤのライブラリであるIRIS PERFORMERを作った、たった数名のあるチームでは、ミーティング・スペースはマウンテンビューのシリコン・グラ

このあいだ話したモジュールの改善なんだけど、もう１週間待ってもらえない？

フィックス本社の階段の踊り場だったそうです。なぜその場所なのかというと、そこは大きな窓からたっぷりと陽が差し込んで、とても気持ちが良いからだそうです。

また、データサイエンティストのために「ジャングル」を作った会社では、ミーティング・スペースとして、大きなテントをしつらえています。それはまるで遊牧民のテントのようなのですが、そこで胡座をかいて車座になってミーティングをすると、普段よりずっと闊達に意見が出されて、ミーティングが活性化するのだそうです。

生物にとっての環境とは、「巣」がどのようだというばかりでなく、そもそもその「巣」がどこに置かれているかということも意味します。例えば、暑いのか寒いのか、湿潤なのか乾燥しているのかというような違いです。データサイエンティストにとっては、仕事場のデザインという意味での環境の他に、次のようなものも問題になるでしょう。どういう服装が許されているかとか、朝何時に来なくてはいけないかということです。

朝が苦手であるというデータサイエンティストのことはすでに述べた通りです。彼ら・彼女らは、わがままを言っているのではなく、そうしかできないのです。多くの会社がすでにフレックス・タイム制度をとっていて、昔のように朝9時に必ず出社しなければならないというわけではなくなりました。（反対に最近では、朝もっと早く出社して夕方早く帰ることを推奨する会社も出てきたようですが。）

最近では、在宅勤務も広く行われ始めました。週に1日の在宅勤務を始めたある会社では、在宅勤務をする際には、事前に届け出をするように取り決められています。ところが、明らかに寝坊して朝9時に「今日は在宅勤務で」と連絡されたり、深夜の繁華街から「明日は在宅で」と連絡されたりすることがあって、「モラルの低下」を憂う声が、管理職の中から上がってきました。

しかし、その会社では「モラルの引き締め」を行うのではなく、思い切って裁量労働制に勤務形態を変えてしまいました。それまでは、在宅勤務はあくまで勤務なので、「体調が悪いから在宅勤務」というのはあり得ませんでした。休むなら、有給を取ってもらう必要があります。しかし、そういう細かいことで縛るより、結果を出してくれれば良いということで、制度を変更したそうです。実際にミーティングが必要であれば、どこかに集まってもらわなければならないので、一番良い場所として「会社」が選ばれ出社をするのですが、雁首そろえて集まる必要がないのであれば、いつ、どこで何をしていても良かろうというわけです。さらにこの会社では、オンラインのミーティングを活用することにより、ミーティングの場合でも、実際に会社に集まらなくても良い機会を増やし、会社に行かなくてはいけない場合というのが、かなり減ったということです。

結果としてこの会社では、出社は義務ではなくなりました。会社は、行かなくてはいけないから行くのではなく、むしろ、行きたいから行く場所となったのです。会社に行きたくなる理由は、人それぞれのようです。コピーにしろプリンターにしろ、会社の方が良いマシンを置いてあるので使いたいとか、仲の良い同僚とランチに行くためとか、あるいは、会社の休憩スペースで誰かとする世間話からアイデアが生まれることが多いからなど、色々です。そのため、できるだけ「来る気が起きる」場にすることが必要となります。どういう場にすれば良いのかは、これまで述べてきたことが参考になるでしょう。ジャングルやサバンナの色々なところに棲息している生き物たちも、皆、「良い水場」に集まるのですから。

続いて服装です。昔からエンジニアの人たちは、直接お客様に会う機会も少ないので、ラフな格好をする人が多かったようです。西海岸スタイルといいますか、Tシャツにデニムパンツで、髭面、大きなお腹というステレオタイプが思い浮かびます。データサイエンティストたちにも、自由な服装をする人たちがいます。ある会社では、データサイエンティストたちの服装は完全に自由で、夏前になるとTシャツと短パンで通勤する人が増えます。「Tシャツはちょっといただけないなあ」と思う私ですが、５月もゴールデンウイークを過ぎたあたりから10月くらいまでは、アロハシャツを着ています。「いただけないなあ」

今日はちょっと暑いねえ。

というのは、自分がそうしないというだけで、Tシャツを着ている人をどうしようというつもりは全くありません。自分がどうするかの好き・嫌いや、一種のモラルはあるのですが、他人がTシャツを着ようが、スーツを着ようが、それはどうでも良いのです。

データサイエンティストには自由が必要であると述べましたが、彼ら・彼女らの求める自由には、何かこう大げさな、“Don't trust over 30”のような自己主張があるわけではありません。楽だからTシャツやアロハシャツでいるに過ぎません。次のような例もあります。滋賀さんは、会社にいるときも、お客様のところへ行くときも、いつも黒い背広にネクタイをしています。だからTシャツ派やアロハシャツ派の正反対かと思いきや、そうではなかったのです。ある夏の日に、女性社員から滋賀さんが臭いというクレームが寄せられました。滋賀さんが着ている背広やワイシャツは何ヶ月も洗っていなかったのです。どういうことかというと、滋賀さんは朝早くに私服で出社して、そこで会社に置きっ放しにしている背広とワイシャツに着替えていたのだそうですが、その背広とワイシャツは、もう何ヶ月も置きっ放しで、持って帰ったこともなければ、クリーニングに出したこともなかったのです。

また、こういう例もあります。朝10時に出社し、夜10時まで会社にいたい山口さんは、着るものにも拘りがあります。山口さんは体が締め付けられる感じがするのが嫌いなので、いつもふわっとした綿のシャツを着ています。お客様のところに行く際には、白い綿のシャツの上に背広を着てネクタイを締めます。コートやジャンパーなどの上着は着ることができません。ですので、とても寒い冬の日にも、背広だけ、あるいは私服ならシャツの上にカーディガンだけで外出します。寒くないのかと尋ねると、寒いのだけれど、それ以上に体が締め付けられるのが嫌なのだそうです。

データサイエンティストの彼ら・彼女らにとっては、服装もまた、そうでしかあり得ないものとして考えたほうが良いです。他人がどういう格好をしていようと、それはどうでも良いのです。自分にとって「こうでしかあり得ないこと」が認められるかどうかが重要なのです。ですから会社説明会にスーツで来なかったからと言って選考外とするべきでないことはもちろんですが、説明会に出席している社員全員が背広にネクタイという格好であるのも良くないでしょう。その説明会に参加したデータサイエンティストあるいはその卵の学生がスーツを着ていたとしても、まずいことなのです。

「自分もスーツ、会社の人もスーツなら、似た者同士で安心するんじゃないか」という意見もあるでしょう。しかし、彼ら・彼女らにとって他人の格好はどうでも良いのです。自分の格好が認められるかどうか、自分のやり方が許されるかどうかが問題なのです。それが一番心配な彼ら・彼女らが感じるのは、「この会社は堅くて居づらそうだな」ということでしょう。一応スーツを着ている彼ら・彼女らは、社員全員のスーツ姿を見て「同じ仲間が多いんだな」とは決して思いません。社員「全員」の姿に隠された、「Tシャツやアロハシャツなんて言語道断である」という言外のメッセージを受け取り、「違っているもの」への拒絶という圧力を感じてしまうのです。彼ら・彼女らが感じる不安は、画一化を強いる「社風」なのです。

重要なのは、彼ら・彼女らがどのような性格や嗜好を持っていても、それを受け入れるというダイバーシティであり、「生物多様性」が豊かな環境であるということ、言葉を変えれば、「この水場は、色々な動物が集まる、良い水場である」と感じとってもらうことなのです。ここをきちんと押さえておかないと、データサイエンティストという希少生物は、生存する云々の前に、集まってきません。そのことを十分に理解する必要があります。

「棲処」について、続いては、ネットワークの豊かさです。データサイエンティストの活躍する場は、狭い意味での「仕事」に限らずに、アカデミズムまでをも含むような、広くてオープンなところとなっていることが望ましいです。

一昔前には、「大学でやってきたことなど、社会では全く役に立たないのだから、早く忘れるに越したことはない」と言われたり、大学臭さはすなわち青臭さであり、それを抜くために、厳しい社内研修が課されたりしてきました。しかし、今では大学で研究された技術が人々の生活を全く変えてしまうようなサービスを生み出したり、逆にデータサイエンスの学術論文の多くが、Googleや Facebookなどの企業人によって書かれたりと、アカデミズムとビジネスの垣根はかなり低くなってきています。

このような時代に、データサイエンティストが働く職場は、アカデミズムとできるだけ近い、いわば地続きであることが望まれます。それはどこかの大学の研究室との共同研究を行うことでも良いですし、あるいは共同研究とはいかないまでも、定期的に大学の先生から講義を受けるようなことでも良いでしょう。最新の技術動向を押さえる機会が広がっていることがとても重要だと思われます。できれば、社員であるデータサイエンティストたちは、時どきは専門誌に論文を発表するくらいでありたいものですし、そうした活動を会社が積極的に支援すること、また、それに取り組む彼ら・彼女らが会社の中で、一つの憧れ、手本とされるような環境を作ること、これが重要です。

こうした環境は短期的にも会社の利益になります。データサイエンティストの引き止めに効果があるからです。Kaggle グランドマスターの Jack さんは、世界有数のデータサイエンティストであり、転職するともなれば、かなり高額な給料を提示されることは想像に難くありません。現在、Jack さんは日本国内のメーカーに勤めていて、給料もその他の社員とちがいがあるわけではありません。そんな Jack さんが転職しないのは、「社内には NeurIPS（世界的に有名なデータサイエンス関係の国際学会）に論文が採択されるようなすごい人たちがいて、そういう人から自分には無い知識や技術を学ぶ機会を大切にしたい」からなのだそうです。つまり、目先の給料よりも、価値の高いネットワークに繋がっていることのほうが優っているのです。

このように、短期的に見ても会社という環境がそのままアカデミズムと地続きでその間に密接な交流があることはとても重要なのですが、長期的に見てもとても良い影響があります。特に、学位を取るための環境を整備するということは大きな意味を持っています。

データサイエンスの世界でビジネスをやっていく上では、博士号（ドクター）を持っていることはかなり重要です。博士号の利点は色々あるのですが、私が最近、一番感じている利点について話しましょう。博士号とは何かと言うと、研究者仲間の通行手形のようなものではないかと思います。その手形を持っている者なら研究者の仲間に入れるが、それがない者は余所者であるという印です。仲間であれば、様々な便宜がはかられます。一番は情報の共有です。もちろん、科学上の発見を競うような場面では情報統制も厳しいのですが、そうでないところでは、こちらが驚くくらいに親切に色々なことを教え合います。（こうしたところが、昨今のフリーソフトウエアの隆盛の基盤となっているのかもしれません。）これが、お金を出して情報収集をするとなると、いくらかかるかわかりません。アカデミズムと接点を持つことによって、ビジネスを飛躍させる可能性のある技術動向の、中心とは言わずともその端くらいには場を確保することができるのです。

国際学会などに行き、小さなセッションで報告をすると、頼んでもいないのに、世界中のその分野の専門家が、色々とアドヴァイスをくれます。それは、報告の後の質問の形を取ることもあれば、セッションが終わった後に声をかけてくれたり、レセプション・パーティーでの議論の形を取ることもあります。逆にセッションの報告者に名刺を渡して自己紹介すると、丁寧に応対してくれるだけでなく、あとで論文を送ってくれたりもします。しかし、これは、名刺にPh.Dと書いてあるからこそで、これがないと、けんもほろろな対応になってしまいます。

このようなコミュニティに参加できることは、データサイエンティストにとって、願ってもないことです。ですから、社員が大学院へ行って学位をとることをできるだけ応援することが大切です。ある企業では、大学との共同研究を組織し、そこに社員を投入して博士号を取らせています。また、ある会社では、業務を行いつつ大学院に行く社員のために奨学金を出しています。（かくいう私も、そうした制度のおかげで、50歳を過ぎてから博士号を取得することができました。）このように、データサイエンティストの「棲処」である仕事場は、ただ仕事をするだけでなく、広くアカデミズムと繋がっていることが望ましいのです。

また、豊かなネットワークということでは、他社に所属している人々と、日頃どのように付き合っているか、あるいは付き合う場を持っているのかということもとても重要です。例えばそれは、PythonやRの勉強会であるかもしれませんし、また、Kaggleのコミュニティかもしれません。そうした場で、日頃仕事で付き合いのある人以外の、データサイエンスという同じ世界で生きている人たちと繋がっているということは、まずはモチベーションの維持という点で重要です。データサイエンスの世界の動きは非常に早いです。次から次へと新しい技術や応用例が登場して、常に勉強し続けることが求められます。そうした世界で生きていくためには、ライバルのような、一緒に切磋琢磨しながら成長していく仲間が必要です。

また、こうした仲間は自分が現在いる場の限界を悟らせてくれたり、新しいものの見方を示唆してくれたりもします。事業会社にいる人は、ベンダーのように幅広く事例に触れることはできません。他方で、ベンダーにいる人は、一つの業務について事業会社の人のように深くを探ることはできません。それぞれが自分の居場所を起点としながらも、より広い視野を得るためにこそ、別の場で働いている仲間が必要なのです。

そういう意味では、データサイエンティスト協会のような業界団体での活動も有意義だと思います。他社の人と一緒に、一つの目標に向かって活動することは、確かに、仕事が終わってまで仕事みたいなことをすることになるので、「わざわざプライベートを削ってまでする必要はない」と考える方もいるかもしれません。しかし、活動の様子を見ていると、とても面白い人間関係が出来ているのに気付かされます。

大手コンピューター・メーカーに勤める広島さんは、優れたデータサイエンティストとして有名で、色々なセミナーや講演会で講師としても活躍していますが、若い人を指導する教育者としても知られています。広島さんの指導は自社にとどまらず、データサイエンティスト協会の活動で一緒になる他社の若者にも向けられます。仕事のことから、恋愛や人生のことまで熱心に語る広島さんの下には、多くの他社の若者たちが集まってきます。そうした付き合いの教育効果をお感じなのでしょう、ベンチャー企業の社長さんたちの中には、積極的に新人を協会の活動に出す方もいます。

ここで近視眼的に、「そんな活動をやってどういう得があるのか」とか、「そんなところに若者をやると、我が社のノウハウが盗まれてしまうのではないか」とか、さらには「他社の様子を知ったら、転職してしまうのではないか」などという心配をして、社員が広く社外にネットワークを保とうとするのを妨げるようではいけません。自分自身の手で新たなネットワークを作る自由を与えることにより、社員は勝手に成長していくものなのです。

データサイエンティストの棲処はどうあるべきかについて、最後に、極めて瑣末な、しかし、採用した人材がすぐにやめる原因になることを話しておきましょう。それは、彼ら・彼女らの仕事に必要な計算環境です。要するに、会社から配布されるＰＣのスペックです。それがあまりにチープで現在の標準から見劣りする場合、彼ら・彼女らは目に見えてやる気を失います。目の前の自分のやりたいことがどうだというだけでなく、そもそも「この会社、今時こんなチープなＰＣしか与えないなんて、もう先はないな」と考えてしまうのです。

それは短絡的だと言わないでください。今時のＰＣはそんなに高価なものではありません。ハイスペックなものと、そうでない型落ちのものとで、違ったとしても10万くらいのものでしょう。それを使って向こう3年くらいは仕事をするわけです。そこに投資をしなくてどうするんだという、若きデータサイエンティストの考えは、的を射ていると思います。

また、彼ら・彼女らは社内の仕事の仕方についても、厳しい目を持っています。資料を印刷して紙もので打ち合わせをするような old style は気に入りません。社員全員がノートPCを持参し、打ち合わせはプロジェクタなりモニタなりに投影して行う。計算も共通の計算基盤で行って、各自のPCにはデータも置かないというようなスタイルが標準であって、それを下回るものについては、厳しい評価が下されます。

データサイエンティストにはいちいち金がかかるなあと感じるかもしれませんが、こうしたところにしっかりとお金をかけていれば、彼ら・彼女らの狭いコミュニティの中で評判を呼び、新卒募集にあまりお金をかけなくても良くなるでしょう。また、離職者が減ることにより、トータル的には費用の節約にもなると思います。データサイエンティストたちはどういう生物なのかを考えて、どこにお金をかけるべきかを見直してみてはどうでしょうか。

(2) 食べ物：活動（仕事）の原動力

データサイエンティストにとっての餌とは収入のことでしょうか。確かに、いただいたお金でご飯を食べて生きていくのですから、そうだと言えないこともないでしょう。「人はパンのみにて生きるにあらず」と言うように、データサイエンティストにとっても、事情はそう単純ではないのですが、ひとまずは、データサイエンティストの餌は収入ということで話を進めましょう。

データサイエンティストの年収は高いという評判です。本場のアメリカでは特にそれが顕著だと言われています。日本ではどうなのでしょうか。しかし、評判を超えて、もう少し正確に説明しようとすると、少々困ったことになります。年収を調べるべき「データサイエンティスト」とは、どういう人のことを言うのかについてのコンセンサスがないため、統計情報として使えるような調査はまだないと言っても過言ではない状況だからです。

そうは言っても、傾向を知りたいという方もいるでしょう。ここでは、データサイエンティスト協会が一般会員向けに行ったアンケート調査の結果を見てみましょう（https://www.datascientist.or.jp/dssjournal/2020/08/05/dodv2/）。２０１９年の調査では、平均で８００万円弱ということで、日本人の平均と言われている４００万円代からは大分高額になっていることがわかります。

また、そもそもこういったテーマを扱う際に問題となるのは、「何に比べて高いか低いか」という、比較の基準です。日本人の平均年収に比べれば、もう、調査するまでもなく「高い」です。しかしそれは、「大卒」以上の学歴を持つ人は、平均年収よりも高いということの範囲内であるとも言えます。

では、ホワイトカラーの専門職と比べるとして、何と比べたら良いのでしょうか？　これについては、「比べたい」人の思惑にかなり左右されることになりそうです。これまでSIerとしての実績を重ねてきた企業が、新たにデータサイエンス分野に進出したいとなると、人事の担当者は、ＳＥ職と比べてみたいでしょう。コンサルティング会社でデータサイエンス部門を拡充するとなると、コンサルタントと比較するでしょう。

比較はそう簡単ではないのですが、目安とするならば、新卒募集の初任給がいくらで提示されているかを見てみるという方法もありそうです。ただし、これも会社によってバラツキがあり、具体的な金額としていくらくらいなのかを掴むのは、かなり難しいです。ただ、同じ企業、中でもナショナル・ブランドと言われるような企業の新卒募集の初任給額が年々どのように変化してきたのかを見てみるというのは良いかもしれません。そうすると、春闘のベアがいくらだということで、毎年繰り広げられる攻防の中で、かなりのスピードで額が上がっているのがわかると思います。やはり、データサイエンティストの収入は高くなる傾向にあることは確かなのでしょう。そうしないと、人材が集まらないということなのだと思います。

しかし、年収を高く設定すれば、それで良い人が集まるかというと、事はそう簡単でもありません。数年前、ある企業が、年収2000万円でデータサイエンティストを募集したことがありました。最終的には、誰かふさわしい人が納まったのだろうと思うのですが、私が聞き及んだ限りでは、トップ・データサイエンティストと言われる人々の反応はかなり冷淡でした。彼らが言うには、まず第一にこの募集は「怪しい」のです。確かに、「データサイエンティスト募集。年収2000万円から」というくらいで、その他の情報が何もありません。「何をするかもわからないし、行ってみて、結局やることがないなんてこともありそう」と言う人もいれば、「そもそも、こういう募集をするという事は、内部にデータサイエンスのことが分かっている人がいないと言っているのも同然だ」と言う人もいました。みなの一致した見解は、「そんなところに行って年収２０００万円と言われても、つまらない仕事をさせられて、1年も経たずにやめることになるんだろうから、意味がない」ということでした。確かに、年収２０００万円でも半年しかいなければ１０００万円にしかなりませんし、それでやめて、残りの半年不安定な状態になるのであれば、収入は低くてももう少し、やるべきことが明確なところに勤めた方が良さそうです。

うちの会社はちゃんとやって欲しいことを明示しているから大丈夫、と安心してはいけません。最近よく見かけるのは、「分析の設計から具体的な分析、それを使ったシステム実装まで」というような、データサイエンス業務の最初から最後までを1人の人間にやらせようとする募集です。要するに、その会社には今現在、ノウハウが何もないから、全てが分かっているスーパーマンを求めているわけです。第2章でデータサイエンティストに求められるスキルについて述べましたが、こうした募集は、そこで挙げたビジネス力、サイエンス力、エンジニアリング力の全てを高いレベルで兼ね備えた人を求めていることになります。そういう人は、存在自体が稀ですが、うまくそういう人のところに募集の情報が届いたとして、彼・彼女は応募する気になるでしょうか？

まさか、新しいデータサイエンスの部署に本当に1人ということはないでしょう。きっと、部署を立ち上げる責任者がいて、社内調整や担当部門長への説明などをやってくれるのだと思います。また、システム実装というからには、部署内にシステム担当者もいるはずです。最低でも、データサイエンティストとしての公募者とビジネス担当、エンジニアリング担当の3名の体制ではあるでしょう。

サイエンス力、エンジニアリング力、ビジネス力のうちどれかをメインのスキルとして、あと1つサブのスキルを持っていることが望ましいのは既述の通りですが、この新部署が3人だとすると、複数のスキルを持っているのは、公募されているデータサイエンティスト1人の可能性が高いです。新部署の責任者の方も、確かにデータサイエンスの新部署を立ち上げるからには、それなりの知見はあるでしょうが、データサイエンスにしろ、エンジニアリングにしろ、メインどころか、サブというほどのスキルもないことが予想されます。すると、結局のところ、いま何をやっていて、どういう課題があって、どのように解決しようとしているのかを上流の意志決定層に報告する際に、実際に報告するのはその方だとしても、報告用の資料を作成し、それをその方が報告できるまでに噛み砕いて説明するのは公募対象のデータサイエンティストの役目になります。

また、社内のシステム部署と直接話をするのは新部署にアサインされたエンジニアの役割なのかもしれませんが、その方に、一体、何を作ろうとしているのか、関連する懸念事項は何かなどを説明して納得してもらい、社内打ち合わせ用の資料を作るのもまた、公募対象のデータサイエンティストの役割になりそうな気がします。

さて、そんな業務を抱えながら、実際のデータ分析までこなすことができるようなスーパーマンはいるのでしょうか。

多くの場合、こうした調整業務に時間を費やさざるを得ないため、実際の分析業務はなかなか進みません。進捗がはかばかしくないことに一番心を痛めているのは、当のデータサイエンティスト本人なのですが、外から見ると、「いつまで経ってもアウトプットが見えない」とか、「データサイエンスの部署を作ってみたけど、効果がないね」などということになってしまうのです。この問題は、そもそもこの部署の人数が少ないということに原因があるわけではありません。募集がうまくいって、データサイエンティストが必要な人数集まっても、ビジネス部門とシステム部門にデータサイエンスが分かっている人がいないということは、データサイエンティストに過剰な負担を強いることに変わりがないからです。

次項でデータサイエンス業務の組織作りというテーマで詳しく述べますが、こうした場合の根本的な問題は、データサイエンティストは、そもそも管理業務がやりたいわけではない、さらには、そういう仕事は嫌いだ、という人が多いことです。

データサイエンティストは、先にKaggleのコンペの例でも述べた通り、データ分析が「三度の飯よりも好き」なのです。そんな彼ら・彼女らは、データと課題をもらえたら素晴らしいアウトプットを出すので、他の面倒なことは、できるならやらせないで欲しいと願っています。彼ら・彼女らのデータサイエンティストとしての成長を考えるなら、ビジネス面のスキル向上は、望ましいどころか必須なのですが、細かな調整ごとに関しては、多くのデータサイエンティストが苦手とするところであることは間違いありません。ですから、調整ごとをデータサイエンティストに押し付けるのではなく、できるだけそうした雑多な事はマネジメント層が吸収して、データサイエンティストにやらせる仕事は、それこそ、もっとデータに近い部分の仕事にした方が望ましいです。

データに近いという意味では、データサイエンティストの多くは、仕事の仕上げである実装や、そのあとの保守・メンテナンスの仕事を好みません。見たこともない新しいデータを扱って、「ああでもない」「こうでもない」と探求しながら何か新しい発見をすることには、それこそ寝食を忘れて没頭するのですが、その辺りが落ち着いたあとの、細かい仕様書を書くとか、直近の状況に合わせて微細なチューニングを施すというような仕事には、あまり関心がない人が多いのです。

ですから、彼ら・彼女らに良い仕事をしてもらおうと思ったら、プロジェクトの後半は、エンジニアとしての能力の高い人に仕事の比重を移していく配慮が求められます。

各種の調整業務までデータサイエンティストに丸投げするのではなく、そうした業務はできるだけ

ボクが得意なのは吸い込むことかな。
噛み切るのは他の人にまかせてほしいなあ。

マネジメント層で引き受けようとして業務を見直すと、それぞれの企業、それぞれの部署によって必要としているデータサイエンティスト像がより明確になってくると思います。どのような分野の経験があって、どういう仕事が得意な人を、どのように組み合わせてチームとして機能させるのか、目の前の業務と今後の発展の可能性を含めて考えていくことにより、募集の条件がより具体的なものとなるはずです。もし、条件が曖昧で、そこをお金（給料）で解決しようとしているなら、その募集はあまりうまくいかないでしょう。お金で解決するしかないのであれば、一度、ソリューション・ベンダーや人材紹介会社に、データサイエンティスト組織の構築についてコンサルティングを受けることを考えてはどうでしょうか。

では逆に、マネジメントをしっかりやって、必要なスキルを明確にすれば給料は少なくても良いのでしょうか？　まず確認しておくべきことは、付加価値の相場です。募集に必要なスキルを明確にできるくらいに業務内容が固まっていれば、その業務がどれくらいの価値をもたらすのかを概算することはできるでしょう。すると、その仕事に、どれだけの費用を払うことができるか、あるいは払うべきかもわかるはずです。相場とかけ離れて安い給料を掲げてしまうと、「この会社、全然わかっていないんじゃないか」という疑問を持たれてしまいます。その業務のもたらす価値がとても大きいのだとすれば、それを支える業務にも、大きな価値があるということなのです。

「その部署、その担当者だけにそんなに高い給料を払ってしまったら、会社の中でのバランスが取れなくなる」と心配する方もいるかもしれません。しかし、今までの業務とは格段に異なる、高い価値を生み出す業務ができるのであれば、全社を挙げてそちらにシフトしていくべきではないでしょうか？　もちろん、一足飛びにはいかないものですが、方向性としては、そちらを目指すべきでしょう。そうした時に、社内の従来業務のことを気にしていて、好条件を提示することができず、良い人材を採れずにその新分野での活動に制約が出てしまうというのは、本末転倒です。

データサイエンティストの給与をそれなりに高くするべきもう一つの理由は、給与の多寡は彼ら・彼女らのモチベーションに関わることだからです。こういうと、まるでデータサイエンティストたちがお金目的で仕事をしているように聞こえるかもしれませんが、そういうことではありません。

データサイエンティストの多くは、給料は高いに越したことはないが、それが仕事を選ぶ第一の要素ではなく、それよりも、仕事が面白いかどうかが重要だということは、これまで述べてきた通りです。それと並んでもう一つデータサイエンティストたちのやりがいを作っている大きな要素はお客様であり、ベンダーならクライアント、事業会社なら課題を持ち込んだ部門の担当者から感謝されることです。データサイエンティストたちは、持ち込まれた課題に、まるで難しいパズルを与えられたかのように嬉々として取り組んで、それが解けた瞬間に最大の喜びを得るとともに、その課題の大きさ、重要さを一番理解している人＝お客様から「ありがとう」と言われることに、とても大きな価値を見出しているのです。

そんな彼ら・彼女らは、お金をお客様の感謝に結びつけて捉えることがあります。江戸時代の賄賂政治家として毀誉褒貶の激しい田沼意次ではないですが、お金は誠意の表れと捉えれば、高い費用を払ってくれることは、とても感謝しているということでもあります。

ソリューション・ベンダーの仕事をやっていると、時々、「お金はないんだけど、社会的に価値の高い仕事だから、ぜひやって欲しい」と言われることがあります。１度はやりますが、それが２度も続くと、原則としてお断りしています。１回目の結果が出ると、非常に感謝され、社会的な意義も大変大きかったと評価されます。だとすれば、クライアントのするべきことは、お金を取ってくることでしょう。そこで2度目も「お金がない」と言われると、その事業にはあまり価値がなかったのではないかと思わざるを得ないのです。

会社のメンバーに対しても同じことが言えます。「この仕事はあまりお金が取れないけれど、重要だから頑張ろう」と社員に言い続けて安い仕事しか取ってこず、データサイエンティストたちの給料を上げることができない会社で働いていて、本当に自分たちのやっている仕事が「重要だ」と思えるでしょうか。そのような状況でお客様の感謝の気持ちを感じることができるでしょうか？　やはり、「みなさんの仕事に、お客様が大変感謝なさっていて、こんなに費用をいただきました」と言うほうが、自分の仕事の「重要さ」や、お客様の感謝の気持ちを素直に感じることができると思います。

もう一度簡単にまとめると、データサイエンティストたちは、第一に仕事の面白さを求め、第二にお客様からの感謝を重要視します。他方で、調整ごとなどの業務はあまり得意ではないので、彼ら・彼女らにやってもらう業務はマネジメント層でしっかり定義し、社内調整をしておくことが必要です。また、彼ら・彼女らの給料は、その仕事が生み出す価値に見合った金額である必要があります。

最初（14—15頁）に触れたパネルディスカッション「Kaggle Masterたちの饗宴」を思い出してください。データサイエンティストが行う付加価値の高い業務をもとに、ビジネスとして具体的な価値を叩き出すのは、マネジメント層の課題であるということを。そうして生み出された大きな価値が還流されてデータサイエンティストの金銭的評価を上げることにつながり、データサイエンティストの彼ら・彼女らが楽しい仕事をしていると、お金もついてくるようになるのです。

勝手なことを言う奴らだなあと感じるかもしれませんが、データサイエンティストの彼ら・彼女らは、良い環境と良い仕事さえ与えられれば、必ず、それに応じるアウトプットを出すものです。ですから、もし、いま一つ成果が上がらないとすれば、それは彼ら・彼女らの責任ではなく、マネジメントの問題ではないか、と疑ってみる必要があります。そこで次に、データサイエンティストたちに成果を上げてもらい、また、その組織が拡大していくために必要なことについて説明します。

(3)　繁殖：育成に必要なもの

以下に述べるのは、一種の組織論です。データサイエンティストの組織がどうあるべきかについて、私の知る限りのことを書いています。しかし、それは、トップダウンで設立したデータサイエンスの専門部署が、社内の各部署と連携して成果を上げるためには、どのような人材を揃え、部署のトップに誰を据えるべきか、というような組織論ではありません。希少生物としてのデータサイエンティストがどのようにその個体数を増やしていくのか、データサイエンス担当部署はどのようにすれば生物多様性を維持・発展させていくことができるのか、要するには組織のメンバーの育成に関わる問題が主たるテーマとなります。前者については、別の機会に述べる事もあろうかと思いますが、ここではほとんど触れません。

さて、これまでに述べてきたのは、データサイエンティストに無理強いや強制はするな、できるだけ自由にさせた方が良い、という事でした。ここでもまた、原理原則は同じことです。データサイエンティストの彼ら・彼女らのやりたいようにさせること、そのための環境を整えることが一番重要なのです。

以下、データサイエンティストの組織論を４つの分野にわけて詳しく説明します。１つ目はキャリア・パスについてです。社内でデータサイエンティストはどのような業務を行って自らのキャリアを積み上げていくのか、これに対して会社（組織）はどうすべきなのかについてお話しします。２つ目に新人の育成について、会社としてどのような対応をすべきなのかを述べます。３つ目が仕事のアサインの仕方です。４つ目に、外部からのメンバーの増やし方、端的に言えば採用について、簡単にお話ししたいと思います。

また、本章の最後に、データサイエンティストの「飼い方・育て方」に関して特徴的な工夫をなさっている3社の方々へのインタビューを、付録として掲載しています。詳しいことはそちらに譲りながら、本文でもその内容に触れていきます。

① キャリア・パス

まず最初に、キャリア・パスです。これに関しては、最近よく、「おじさんデータサイエンティスト」の採用先を探して欲しいという相談をいただきます。40歳を過ぎたデータサイエンティストの再雇用先はないか、ということです。そして、ほとんどは、「もう管理する側に回っても良い年齢」なのに、ご本人がいつまでも「現役を続けたい」と望んでいて、「会社から管理職になることを勧められたが、自分はいつまでも現役でデータ分析をやりたいので、やめて来ました」というケースです。こちらとしては、どうせ相談に来るのなら「やめる前に」来て欲しいのですが、もうやめてしまったのですから、しかたありません。

繰り返し述べているように、データサイエンティストの多くはデータ分析が三度の飯よりも好きですし、もっと言えば、データというものが大好きなのです。そんな彼ら・彼女らは、これまたおしなべて、管理という仕事が好きではありませんし、多くの方はこうした業務に向いていません。

日本の多くの企業は、成果主義を取り入れたと称していても、実際のところは今でも年功序列の給与システムを取っていますので、40歳を過ぎればかなりの年収になっているはずです。他方で、データサイエンティストの場合は、かなりできる人であっても、ひと月単価３００万円で仕事を買ってもらうのは、かなり難しいと思います。最新の手法に通じていて、かつ、実装回りの事もよくわかり、プログラミング能力も非常に高いことを求められるでしょう。もし、それだけの価格で買うお客様がいたとしても、その仕事が1年12ヶ月の間、コンスタントにあるわけではないでしょう。必ず端境期といいますか、仕事と仕事の間のアイドリングの状態が生じてしまいます。その期間は仕事がないわけですから、1年でならすと、１ヶ月に２５０万円にもなれば良いほうではないでしょうか？　これを企業で取ってくるとすると、諸経費を除けば本人取り分は約3分の1ですから、90万円弱、年収に直して大体１０００万円というところだと思います。

要するに、データサイエンティストの現役として腕一本で稼ぐというのであれば、会社に勤めている限り、年収１０００万円を超えるためには、かなり高いスキルを身につける必要があるということになります。だからこそ、会社は管理職を勧めるのです。本人の下にまだ若いメンバーを２、３人つけて、チームとして稼ぐのであれば、若い人の給与を低く抑えている分を、管理をしている年配のデータサイエンティストに回すことができるからです。

当たり前と言えば当たり前の話なのですが、企業に勤めるデータサイエンティストでありながら、管理が嫌だと言うならば、収入には自ずと限界があるということです。昨今、データサイエンティストの人材不足ということで、一種の「売り手市場」になっていることを追い風として、まずは「やめてから」相談にいらっしゃる方が多いのには困っています。

つまり、一生、腕一本で暮らしたいのなら、幾つになってもトップ・レベルでいる努力を怠らず、しかも、企業には属さない生き方を選択する必要があるのです。

逆に言えば、収入がそこそこでも良いのであれば、「管理」はせずに、ずっと現役でいるという生き方も選択可能になります。もちろん、それは雇い主である企業の方が、そういう選択を認める場合に限るのですが。

そうだとすれば、データサイエンティストのキャリア・パスは、これまでのように年齢がある程度になったら管理職になるという道一択でない方が良いのではないでしょうか。管理の仕事が好きでない=苦手で、ずっとデータと向き合っていきたいという人と、管理業務が得意な人、それぞれに道を用意しておく、複線的なキャリア・パスが必要だと思います。

そうなると、キャリアに応じた給与体系もまた変更を迫られるでしょう。年功序列で、年齢を重ねるとそれに応じて給与も上がり、なんとなく役職もついてくるというシステムは、若い人の取り分を搾取して、年配者に分配しているようなものです。本当に業績主義だと言うのであれば、いくら年齢が低くても、良い仕事をしたらその分の収入を獲得すべきですし、逆に自分のできる仕事のパフォーマンスが落ちたのであれば、それに応じて収入も減ることは甘受しなければならないでしょう。すでにエンジニアの世界では行われている実績に応じた給与体系に、データサイエンス組織が学ぶところは多いのではないでしょうか。

その場合、データサイエンティストの彼ら・彼女らが行った管理業務や社内教育にかかる業務についても、相応の実績として評価されなければならないのは、もちろんのことです。章末のインタビュー③で取り上げた株式会社分析屋では、データサイエンティストの職種を三分しており、1つは客先常駐専門の職種です。客先で言われたことをこなすことが主たる業務となります。もう1つが受託の分析を専門にやる職種です。通常、こうした分析業務に付随するメンバーの管理やお客様との折衝などの業務が、この職種にはありません。分析に特化していれば良い職種です。最後の3つ目が経営にも参画する職種で、自分のチーム以外の社員も含めた働き方のマネジメントから、お客様との折衝までを行います。入社時の本人の希望や面接の結果によって、この3つのうちどれかの職種に配属され、仕事の経験を積む中で、本人が希望してかつ対応する能力を認められれば、職種の転換も行われるそうですが、基本的に、本人の希望を第一に、できないことを無理強いすることはないのだそうです。3つ目の職種についている人の評価は、データサイエンティストとしての分析の結果だけではなく、管理業務や教育業務の内容も含まれ、働きが多い分、評価も高くなりますが、前二者の職種についても、その枠内で良い働きをしたら評価されるようになっているので、やりたくない仕事をやらされてストレスを溜め込んでしまうことはあまりないそうです。

章末のインタビュー①でデータアーティスト株式会社の山本さんもおっしゃっているように、「仕事はまず、楽しくなければならない」です。ここからは私の考えですが、そのためには、やりたくないこと、向いていないことはやらなくても良い、という組織になっている必要があるのではないでしょうか。

②新人の育成

2つ目は、新人の育成についてです。昨今、データサイエンス業界では人材不足が大きな問題とされていて、政府も人材育成の取り組みに積極的で、各省庁で様々な助成プロジェクトが公募されています。

不足している人材をどう補うかということには2つの戦略があります。新卒・中途を問わず、最初から「できる」人を集めるか、あるいは見込みのある人を集めて、教育して一人前に仕上げるかです。しかし、最初から「できる」人を集めるのは至難の業です。なにしろ、競争が厳しいのです。新卒の学生でも、大学にいるうちからKaggleの上位に入賞し、学会でも発表するような方が年に数十名はいらっしゃいます。でも、そんなすごい方は、「奪い合い」になってしまい、確実に採れる保証はどこにもありません。逆に、学生時代にはまだデータ分析などしたこともなくて、でもポテンシャルは高いという学生を見つけて、うまく育てていくというのは、「目のある」方法だと思います。しかし、この方法を実行するにはポテンシャルをきちんと評価できる「目利き」と、入社後の育成体制が必要になります。

前者の「目利き」については、別の機会に譲り、ここでは「組織」に関連する後者の育成体制について述べます。ここで言う「育成体制」とは、どこかの会社が提供している「研修プログラム」のような、きちっとした体系的なプログラムのことではありません。より広く、例えば、勉強用の本を購入できるとか、勉強会をやるのに社内の会議室を使えるという環境面の話から、どのような先輩が手本となるのか、どのような場面で手本を学ぶのか、そのプロセスの話までを含んでいます。

新人の育成において一番重要なのは、「勉強をする」ということが、会社の文化として根付いているかどうかです。データサイエンスの分野はとにかく進歩が速いです。どこまでを追いかけるべきかということは別にしても、常々、新しい技術を学んでいくことが不可欠であり、学ぶ姿勢がないことには、個人としても企業としても発展の可能性がありません。

その上で、「放っておいても」新人が自ら学んで、その職場にふさわしいデータサイエンティストとして成長していくことが望まれます。「放っておいても」なんてうまいことがあるはずない、と言う方もいるかもしれません。しかし、お膳立てされたプログラムをやりなさいと強制されて、それでうまくいくのであれば、何かそうした理想的なプログラムが「必修」として業界全体に、それこそ強制されそうなものです。そうではなく、様々なプログラムが乱立して、「このプログラムはこれだけ優れています！」と主張しあっていること自体、何かの「決定打」があるわけではないということを示しているのだと思います。

また、自分で好きこのんで学ばない限り、恐らく、何も身につかないというのが本当のところなんだろうと思います。先ほど述べた分析屋では、開業当初は会社が費用を持って、社員全員にビジネスや英語の講習を受けさせていたのだそうですが、「これが全く失敗で」と当時の社長は言います。側から見ていて、「この人には、今、こういうスキルが必要だろう」とか、「この人はこういうスキルを身につけておけば、あとできっと役に立つ」と思っても、本人にその気がなければ、タダにしたところで、学びはほぼゼロだと言うのです。現在では、やる気の有無を無視した制度はやめて、本人がその気になった時に支援する仕組みに変えているそうです。

確かに、「放っておいても」自ら学ぶだけのモチベーションを持っていればこそ、様々な困難を乗り越えてスキルを身につけていくのでしょうし、それだけのモチベーションを持っていれば、困難を困難とも感じないかもしれません。マネジメント側ができることは、環境を整え、彼ら・彼女らがモチベーションを得るようなきっかけを作ることだけです。

では、「環境を整える」ということについて話をしましょう。まずは、学ぶ文化を具体化することが重要です。一つは、勉強にかかる費用をどれだけ会社が負担するかです。小さいところでは、勉強のための書籍代、さらにセミナーや講習会の費用などがあります。場合によっては、海外の学会に参加するための渡航費も出してくれる会社もあるようです。さらに、私の前職の会社は、大学院で学ぶことを奨励して奨学金まで出してくれました。

次に重要なのは、勉強する時間の確保について、会社がどのような制度を作っているかです。ある会社では、業務時間の80％が実際の仕事で、20％を勉強に当てられるようにしようという目標を立てていますが、制度としてそれを保証する仕組みがないため、忙しくなると、勉強時間は有名無実化して、朝から夜遅くまで仕事漬けになってしまっています。仕組みが大事なのは、そうならないように勉強時間を確保する必要があるからです。別のある会社では、新人期間中は、1日のうちに勉強時間を1時間確保して、その時間に何を学ぶかの計画を出させるとともに、その成果の報告を求めています。これなら、確実に勉強できます。ただし、ここまで管理されるのが良いかどうかは別問題でしょうが。

この他に社内の設備などが勉強のために自由に使えるということも重要ですが、あまり細かいところに深入りしてもきりがないので、次に「モチベーションの形成」について説明します。

勉強する環境を揃え、新人にモチベーションさえ持ってもらえれば、彼ら・彼女らは、その環境を活用して自ら学んでくれるはずです。では、モチベーションを得るきっかけにはどのようなものがあるのでしょうか。私はモチベーション獲得について、3つの方向付けが必要になると考えています。上と横と下です。

上とは手本とする先輩です。新人達が憧れ、あんな風になりたいと、真似をする対象が必要です。横とは同輩、ライバルです。横並びだからこそ、負けたくないと思えますし、同じような悩みを共有できます。下とは後輩です。ある程度、スキルが身についたら、教える側に回ってもらいます。人は、教えることによって、一番学ぶことができるからです。

一つ、ここで気をつけたいのは、彼ら・彼女らが学ぶ上での「手本」があると、格段に学習効果が上がるということです。尊敬できる先輩がいて、その人に憧れてやることを真似する、そのうちに、データサイエンティストとして身につけるべきことが自然と身についていきます。

泳ぎ方、食べ物の捕り方、なんでも見よう見まねで覚えます。

どの会社にも、こうした、手本とするべきエースがいることと思います。しかし、一つの問題は、ＯＪＴなりで実際に仕事をする中で仕事を覚えるにしても、新人の誰もがそのエースと一緒に仕事をできるとは限らないということです。エースと一緒に仕事をした新人は高いモチベーションを持つけれども、そうでない新人は高いモチベーションを持ちにくいというのでは、新人全員の教育とするには不十分です。では、エースという限られた資源をどのように活用すれば良いのでしょうか？

できるだけ多くの新人に、エースと一緒のプロジェクトに参加する機会を作るよう工夫している企業もあります。ある会社では、毎年5月くらいに問題が発表され、7月頃が締め切りとなる国際的なデータ解析コンペに参加しています。４月に入社した新人は、このコンペに参加することになっているのです。その際、同社のエースがこのコンペのためのプロジェクト・チームのリーダーをやることになっています。このコンペに参加することにより、新人たちは、エースの仕事ぶりを間近で体感でき、また、エースをはじめとする社内のトップ・データサイエンティストたちとの交流を深めることができるというわけです。

続いて、横に並ぶライバルたちですが、同期入社の同僚たちとの切磋琢磨はもちろん、先に述べたような社外の人たちと交流する機会を早いうちから作ってあげることも重要だと思われます。ただしここでも、マネジメント側が何らかの強制をしてはいけません。人が成長していくのは、自分自身で選んだネットワークの中でのことで、強制されたネットワークでは、あまり成長しません。

最後に下の誰かに教えるということですが、多くの会社で、新人のメンターに2年目の社員を当てることがあるようです。しかし、社内の諸手続きを教えたり、たまに会社のお金で昼飯を奢ったりして先輩風を吹かせるだけではなく、新人が学ぶべきデータサイエンスの講習の講師をやらせてみるのです。そうなると、たった1年しか違わない彼ら・彼女らは必死で勉強します。そして、それが彼ら・彼女らの成長に大きく寄与するのです。

データサイエンティスト協会の「データサイエンティスト養成講座」の初期には、講座が終了したあと、よくできた受講者に声をかけて、彼ら・彼女らに次の期の講座の講師を務めてもらっていました。講師を探してくる手間を省くのが目的だったのですが、勘の良い上司の方に、「成長するから、ぜひ、うちの誰々に講師をやらせて欲しい」と言われることもありました。教えるというのは本当に、学びの良い機会ですので、上手にその機会を新人たちに作ってあげることが重要だと思います。

また、先に例に挙げた分析屋では、設立当初に会社が費用を負担して様々な学習の機会を社員に提供していましたが、本人にやる気がないと全く効果がないことに気がついて、社員の自主性を待つという方針に転換し、教えるということを自主性に任せるようになりました。(流石に社員が100名近くになって、今はもう少しシステマチックにやっているそうですが。)プロジェクトの中に新人を入れると、その新人が成長しなければ他のメンバーが苦労するので、自然と新人に教えるという自主的な研修タイムが生まれるのだそうです。会社はここでも、新人に教えることをしろとは命令しません。そうではなく、結果的に生まれた教育課程を会社への貢献として積極的に評価しただけなのだそうです。すると、他のプロジェクトでも、自然発生的に新人に教えるという活動が生まれ、放っておいても新人が育つようになったと言います。マネジメント層がやるのは、こうした活動を、その他の営業活動や具体的なプロジェクトの遂行と同じように、高く評価したということだけです。この会社では、放っておいても結果が出る環境を作り出すことがマネジメントの仕事なのです。

新人育成に関する要点をまとめると、勉強をする文化と環境を整備した上で、身近に良い手本を配置し、社外のネットワークに接近するきっかけを与えること、最後に、何かを学び、身につけたら、早いうちにそれを誰かに教える場に放り込むことです。そうすれば、これといった体系的な教育プログラムを用意しなくても、与えられた良い環境を活用して、新人は自分で勝手に育っていくものなのです。

③ 仕事のアサイン

３つ目が仕事のアサインの方法です。「データサイエンティストは、データサイエンスの仕事が好きだってことなんだから、誰にどの仕事を割り振るかなんて、どうでも良いんじゃないの」と考える方も多いかもしれません。確かに、データサイエンティストはデータをあれこれこねくり回し、気づかれにくい特徴や傾向を見つけるのに大きな楽しみを見出します。しかし、仕事となると、扱うデータそのものや解くべき課題の他に、クライアント（事業会社であれば、案件を持ち込んだ社内のユーザー）とのコミュニケーションや、仕事の最終仕上げなど、データサイエンティストからすれば、「余計なこと」がくっついて来ます。そこで好き嫌いが生じます。

私はある業界が、全体として苦手でした。その業界では、どの会社でも、クライアントさんたちはほぼ、何もしないのです。毎月レポートを提出するような仕事だったのですが、支店や出張所を閉じても、担当者からは何の連絡もありません。集計すると、少なくなった支店の数の分だけ行も少なくなって行ズレが生じるので、そこで気がつくことになります。先方の担当者は何もしないので、自分でその会社のサイトを見て、支店の改廃を確認するという有様です。それが会社は違っても、その業界では、どこでも皆、判で押したように同じなのです。他の業界では、支店の改廃があればすぐに担当者が連絡してくれるのが常で、それが当たり前だと思っていたので、最初は随分戸惑いました。何社か同じ目に遭って、「ああ、またか」と対応そのものには戸惑いもなくなりましたが、私には「高い費用を払っているんだから、全部やってくれるんでしょう?」と言われているように感じられて、大の苦手でした。

しかし、これも個人個人なので、そうしたことが気にならないデータサイエンティストも多いでしょう。ですから、好き嫌いなのです。とはいえ、繰り返し述べているように、好き嫌いはかなり重要です。嫌いな仕事をやっていても、パフォーマンスは上がりませんし、下手をすると、嫌いは、不得意やできないに通じてしまいます。

また、先に述べた川崎さんのような例もあります。データサイエンティストだから、データに関する仕事なら、どんな内容でも得意で大好きなのかと言うと、そうではありません。得意・不得意、さらに言えば、できる・できないがあるのです。得意でないことを頑張らせるのは得策ではありません（そういった「昭和的」な根性論は、データサイエンティストが一番嫌います）。彼ら・彼女らが「楽しく」仕事ができるようにして、そのパフォーマンスを最大限に引き出すことこそが重要です。

そうであればこそ、仕事のアサインは重要な問題です。どの仕事が誰に向いていて、どのようにアサインすればパフォーマンスが最大になるのかを考えるのが、マネジメントの重要な役割です。これは考えれば考えるほど難しい問題ですが、簡単に解決する方法があります。基本的にアサインは彼ら・彼女らの自由に任せるのです。仕事は自分で好きに選んでもらう。マネージャーは、残ったいくつかの穴を埋めるために、今度は仕事内容と社内のデータサイエンティストの適性をよく考えて、マッチングを行います。解決すべき問題はこれで大分数が減るはずです。

ある会社では、仕事のアサインは公募制を取っているそうです。仕事を取ってきたデータサイエンティストが（この会社では特に営業という部署を置いておらず、社長以下、データサイエンティスト各々が自ら仕事を取ってくるそうです）、社内のＷｅｂ掲示板で、仕事内容、必要なスキル、プロジェクト期間などをお知らせして、メンバーを募集します。それを見て、やりたい人が立候補します。もし、必要なメンバー数以上の応募があった場合は、仕事を取ってきたデータサイエンティストがメンバーを選抜します。

そんなことをすると、仕事にあぶれるデータサイエンティストが出るのではないかと心配する方もいるでしょう。そこを尋ねてみると、「そういう時こそ、マネージャーの出番で、仕事の少ないデータサイエンティストについては、その人の適正に合った仕事をアサインしてもらうように、該当するプロジェクトのリーダーにお願いする」ということでした。完全に自由にするのではなく、どうしても出来てしまう余白を埋めることをマネジメントが担当していて、それ以上のことはやらないのだそうです。

「そんなことをして、誰も応募してこないような仕事ができたら、どうするんだ」という声もあるかもしれません。しかし、よく考えてみてください。社内のデータサイエンティストが誰も応募してこないような仕事は、本当にやる価値があるのでしょうか?

この問題についても、データアーティストさんが面白い解決策をお持ちでした。データアーティストでは、業務を大きく5つの領域に分けていて、社内のデータサイエンティスト達は皆、そのどれかに属しているそうです。新規の仕事はその内容によって5つの領域のどれかに割り振られます。そうすると、その領域の中でのメンバーの稼働状況によって、アサインが決まるそうです。そういう意味では、領域の中での仕事のアサインの仕方は各領域のマネジメント部隊が行うのですが、どの領域に属するのかは本人の希望次第で、時々は領域間の移動があるそうです。

人気のない仕事はどうするのかと尋ねると、領域間に仕事の人気の違いはなく、人気のない仕事があるとすれば、やることが大体決まってしまって、新しいチャレンジの部分が少なくなった仕事なのだそうです。そういう仕事は、「きっちり納めて、その後のフォローをする」のが得意なグループ内の別会社さんに引き取ってもらうそうです。

④採　用

４つ目に、「採用」について少しだけ触れておきましょう。この問題については、本格的に語り始めるとそれだけでハウツー本が1冊書けてしまうので、ごく簡単にとどめておきます。採用のエージェントを用いた方がよいのかどうか、また、エージェントを選ぶとすればどこがいいのか、どうやって就職希望者にリーチするのかという、いわば「技術論」（もしかすると採用のノウハウとはすべからく「技術論」なのかもしれませんが）に先んじて、そもそもみなさんの会社が、データサイエンティストにとって働きやすい、働こうと思うような会社になっているのかどうか、それが一番重要なのではないかと思います。会社説明会や面接といった、いわば入り口のところを「盛り立てて」、なんとかごまかして入社してもらっても、実際の中身が伴っていなければ、いまどきのデータサイエンティストは、すぐにやめてしまいます。すると、採用にとって重要なのは、ちょっと遠回りかもしれませんが、データサイエンティストにとって「過ごしやすい」環境を作ることです。そして、どうすればそういう「環境」ができるのかは、今、社内にいる彼ら・彼女らに聞いてみれば良いのです。ですから、新卒の採用のための施策は、今いるデータサイエンティストの離職防止にもつながることでしょう。また、募集を行うチームにおいてはデータサイエンティストのことをわかっている人が中心になる必要があります。データサイエンスという仕事のことも、また、そうした仕事に有能であるデータサイエンティストのことも知らない、ただ人事の経験だけは豊富であるという人を担当にすると、的を射ないことになりかねません。（コミュニケーション下手で面接が上手ではないのだけれど、非常によくものを考える、ポテンシャルのある人を不採用にして、立て板に水のようなプレゼン上手なのだけれど、データサイエンスには向いていない人を採用したり、といったことです。）最後に、同じくデータサイエンスと言っても、企業ごとに業務は異なりますし、データサイエンティストに要請するスキルも異なってくると思います。募集の際に、どういうデータサイエンティストを必要としているのか、データサイエンティストの3つのスキルのうち、どこに重点を置いているのかくらいは明確にするのが良いと思います。

さて、データサイエンティストという一筋縄ではいかない人たちをどうマネジメントすれば良いのかについて述べてきました。「結局、自由にさせろということばかりで、それでうまくいくなら苦労はしないよ」と思う方もいるかもしれません。実際にうまくいっているところもあるので、特徴ある会社の社長さんやデータサイエンティストのマネージャーさんにインタビューをしました。以下に掲載しますので、参考にしてください。

以下の3件のインタビューは、２０１８年に行われました。コロナ禍を経験した今、「そんなの当たり前だ」というようなことを強調して取り上げている場合がありますが、インタビューを行ったのは、このような世の中が訪れるとは思いもしなかった頃なのだということをお含みおきください。

■インタビュー①　データアーティスト・山本社長（2018年2月3日）

山本さんは慶應義塾大学を卒業後、東京大学大学院の修士課程に入って物理学を学び、博士課程では、日本のディープラーニング界を牽引する松尾研究室に入って（松尾研究室最初の博士課程学生の一人です）、ディープラーニングを学びました。在学中からその技術を活かしてＷｅｂマーケティングの世界で活躍していましたが、２０１３年にデータアーティスト株式会社を設立、代表取締役に就き、現在に至ります。２０１８年２月から同社は電通のグループ会社になり、ますます活躍の場を広げていらっしゃいます。

データアーティストが他のデータサイエンス・ビジネスの会社と違うのは、モンゴルに現地法人の子会社を設立していることです（50人から60人のデータサイエンティストがいます）。

これはモンゴルの数学チャンピオンだったアマルさんという方が入社したことから始まります。アマルさんもまた松尾研究室でディープラーニングの研究をしていたのですが、山本さんに誘われてデータアーティストに入社すると、優れた能力をメキメキと発揮し、あっという間にエースの一人になりました。そんなアマルさんに憧れたモンゴルの数学好きの青年たちが次々と来日して、データアーティストで働くようになり、それならということで、現地法人を立ち上げたのだそうです。

斉藤　データアーティストさんも、山本さんの下、先端技術に従事するデータサイエンティストの方々がたくさんいらっしゃって、ご活躍のことと思います。データサイエンティストは、優秀なんだけどちょっと普通の勤め人とは違っていて、その分会社として対応に工夫が必要だろうと思うのですが、山本さんのところでは、何か会社独自の特徴というか、こういうデータサイエンティストが多いとか、そういうことはありますでしょうか？　また、そうしたデータサイエンティストに対して、何か意識した対応などをなさっていますか？

山本　うちは、そういう意味ではそもそも、生粋のデータサイエンティストを採用していない気がします。一応、社内では本社にいるメンバーをデータサイエンティスト、モンゴル・チームをA．I．エンジニアと呼ぶ傾向がありますが、世間で言うデータサイエンティストに近いのは、このA．I．エンジニアの方なんじゃないかと思います。

斉藤　そうすると、データアーティストさんが採用なさるのは、どういう方々なんでしょう？

山本　例えば新卒だと、マーケティングだったり、対象業界そのものに興味がある人を採用していて、その上で、業務に応じて統計とかデータサイエンスを教えているイメージですね。キャラクターも、いわゆるデータサイエンティストっぽくないような気がします。だから、論文をどんどん読みながら先端技術を駆使するような人材は本社には多くはいません。そういう人間は本社には必須ではないと思っているからです。本社のメンバーは、基本的にライブラリに実装されている機能を組み合わせて使うことが多く、パラメーターのチューニングを行うことなどはありますが、アルゴリズムを一から開発して、精度を上げるというようなことは、基本的にはありません。

彼らがやるのは、お客さんと話をして、課題を絞り込んだり、そこから得られたその業界の専門知識を活用してデータの前処理を行ったり、特徴量を精査するようなことです。そのあとは、もう入力するだけと言うか、数値の扱いについてというよりは、どのデータを引っ張ってくれば良いかということだけを考えてもらうようにしています。

他方で、アルゴリズムそのものを改善して、いかに精度を上げるかということが重要になってくる仕事もあります。そういう場合には、モンゴル・チームの方が頑張ることになります。彼らはまた、本社にいる日本人の社員とは、マインドやモチベーションが全く違います。現地法人にいる人も、こちらに来ている人も、アマルさんのようになりたいと憧れてデータアーティストにいるわけですが、「データサイエンスで国を豊かにしたい」と、背負っているものが違う気がします。彼らの場合は、アルゴリズムに向き合っていることが多いので、ビジネス要件に向き合っている時間が少ない気はするんですけど、それでも気難しいという印象ではなくて、タイプが違っているのかなと思います。その組み合わせが、うまくいっている秘訣かもしれません。

例えば、ＣＭの認知率などを問題としている場合には、ＣＭにどういうタレントさんが出ているのかを変数とする時に、そのタレントさんの評価を数値化するために、Googleトレンドの数字を使ってみるとか、そういうことを本社の人間がやるのですが、それは、別に機械学習がどうだとかいうことではなくて、いわば社会学の話のような気がします。それを本社でやって、乱暴な方法で回帰をかけて、とりあえず、この変数を入れたら良くなるということまではわかったけれども、それ以上のチューニングの仕方がわからない、とそこまで出来たら、モンゴルへ任せるわけです。この分担が綺麗に徹底されている気がします。

だから本社メンバーの出自も、経済学などの文系も多いですし、また、理系でも、量子化学とか量子力学とかをゴリゴリにやっていたというような人ではなく、例えば材料化学などの、複雑な系が絡まった問題を相手にしていて、実験しながら、なんだかわからないけど、こうしたら固まっちゃったからＯＫみたいなことをやっていた人が多いです。

彼らは、両サイドと話ができます。お客さんに対してビジネスの側面でも話ができるし、逆に、データサイエンスの側面からモンゴル・チームとも話ができて、ちょうど間に入るようなポジションになっています。例えば、マーケティングというものを、複雑な系として捉えて、それをある程度まで分解してからモデリングをするというようなことをやってもらっています。

斉藤　すると、彼らはPythonなんかの分析ツールはもとより、プログラミング自体が初めての方なんでしょうか？

山本　中にはそういったメンバーもいます。だから、未経験のメンバーは会社に入ったら、まずはRの扱い方の基本を学んでもらうことから始めます。画像の生成などの業務もありますが、そういうのは全く別次元の問題なので、そのままスルーでモンゴル行きのことが多く、彼らの主要業務ではありません。

斉藤　中途の採用もなさっているのですか？　その場合、どんな人がいらっしゃるのでしょう？

山本　中途の場合は、前職でプログラミングをしたり、あるいはデータ分析をやっていたという経歴の人が多いです。そういう意味では未経験ではありません。彼らは主要な業務としてリーダーをやっています。ただ、データサイエンティストやシステム・エンジニアよりも、プロジェクト・マネジメントに軸足があるバックグラウンドのメンバーが多いです。

斉藤　すると、中途の方を募集すると言っても、どうやって募集していらっしゃるのでしょうか？

「マネージャー募集」とでもしていらっしゃるのですか？

山本　弊社のホームページも、募集ページが一応はあるのですが、それほど頻繁には更新もしていないですし、詳細は書いていなくて、興味があれば連絡してねというくらいでぼやーっとしているので、データサイエンスというよりは、コンテンツに興味がある人が来てくれるのかな、と思っています。実際の採用活動は、採用会社と密接にコミュニケーションを取りながら、個人的にも仲良くなるくらいに一緒になって、今話したようなコンセプトをわかってもらった上でやってもらっています。

斉藤　では、そのエージェントさんには中途だけでなくて、新卒もやってもらっているんですか？

山本　はい。新卒も中途もまとめてお願いしています。こちらも採用について、準備も体制もなかったので、この2年間は、仲間として会社の中に入って色々やってもらいましたが、その中で採用をするノウハウについての研修もやってもらったので、来年からはこちらが中心になって活動して、エージェントさんの関与は減る予定です。

斉藤　そうして採用なさった方々なんですが、データサイエンティストというのは、通常は、短いサイクルで転職するというか、だいたい3年くらいで転職するようなイメージがあるのですが、こちらでは、離職率というか、定着率というか、そういったものはどんな塩梅ですか？

山本　うちは設立してまだ5年なので、なんとも言えないと思いますが、離職者が多いということは感じませんし、親会社の電通さんからもそういう指摘を受けたことはありません。

自分で言うのもなんなのですが、基本的に楽しい仕事だけしようというスタンスでいるので、辛いことを仕事だからといって、無理してやることはしないようにしています。例えば、納期なんかで厳しい状況になっている場合には、私が「無理しなくていいよ。俺が謝ってくれれば済むことだから」と言って、無理はさせないようにしています。

斉藤　でもそれは。

山本　あの、謝れば済むというレベルにしておくという。法律的に訴えられてしまうような納品の失敗とか、そういうのはダメなんですが、謝って済むのであれば、謝まりに行くので。それはそうなるように仕切るのが大事で、営業とかその後の段階で、いざとなったら「謝れば済む」ような契約にしているから可能なことなんですが。

斉藤　はい。

山本　そうなると、心象が悪くなることはあっても、それは後で頑張って取り返せば良いことで、そこで無理をすることはなくて、楽しく働くことが大事なので。

斉藤　先日、データサイエンティスト協会のシンポジウムで Kaggle Master 達をお呼びしてパネルディスカッションをやったのですが、その中で、収入と仕事の楽しさのお話になりました。お金を選ぶのか仕事の楽しさを選ぶのかということなんですが、一人の方が、仕事というのは一生のことで、これからまたそれが長くなるのだから、楽しくないとやっていけないとおっしゃいました。すると、もう一人の方が、もともと優秀な人間が仕事しているんだから、その人が楽しいと思うことをやることがお金を稼ぐことにならないのがおかしい。二者択一ではなくて、データサイエンティストは両方を求めることができるし、そうあるべきだとおっしゃるのです。

山本　それは素晴らしい。

斉藤　要は、そういうことができるようにするのがマネジメント層の責任であると。

山本　うちは小さな会社ですけど、それなりの給与水準だと思います。さらに言うと、親会社（電通）のコンプライアンスも厳しいので、早く帰ってもらうことにしています。なので、労働時間あたりにすると、結構良いのではないかと思います。

また、小さな会社の割には、管理会計をきちんとしていて、「こういうことをやるには、これくらいかかっているのです」ということを、しっかり説明できるようにしています。だから、仕事を取ってくる時も、ふさわしい金額の仕事をとるようにしていて、ここは利益を度外視してでも仕事を取る、ということは絶対にやらないようにしています。それをやると、後できつくなるばかりですから。

斉藤　なるほど。〔実に、耳が痛いです。〕

山本　仕事が楽しいということは、自分が評価されているということと関係が深いと思います。お金をいただくということは、自分のやったことが評価されているということなので、そこで安くするようなことはしたくないです。良いことをやっているのに評価されないというのは、やる気を失わせてしまいます。「なんだよ、こんなにやっているのに」となると、楽しくないですからね。他人からの評価が、たまたま日本銀行券である、というように考えています。

斉藤　楽しく仕事をするというのが基本コンセプトであるとして、それでも、先進的な技術を適用して、また成果のインパクトも大きいような、単純に楽しい仕事もあれば、「これはまあ、やっておかないといけないよね」というような仕事もあるかと思います。データアーティストさんの中では、仕事のアサインというのはどのようになさっているのでしょうか？　ラインで偉い人たちが決めたものが降ってくるとか、やり方が色々あると思うのですが。

山本　うちは仕事のドメインを5つくらいに分けて、それぞれに責任者をつけているのですが、まずは、そのグループのどの仕事をやりたいかを聞いて、そこに、いわば配属されます。その中で、今、来ている仕事のうち、やりたいものをやってもらうようにしています。よくご存じのように、我々の仕事は中間領域がありますので、それぞれのグループ間で情報交換を頻繁にしていますが、その際に、こっちの方をやってみたいと言いだす人がいたら、機会をみてグループを移動させるようにしています。

斉藤　なるほど、仕事のアサインも、本人の「やりたい」が基本なんですね。でも、そうすると人気のない仕事みたいなものが出てきたりしませんか？

山本　そうですね、数ヶ月単位で見ると、そういう状況になることはあります。でも、もう少し長期的に見ると、先ほどのドメインによるグループの間で、人気の違いのようなものはありません。短期的な不人気というのは、要は、もう既存のやり方で回していけば済むようになってしまった仕事は人気がなくなります。新しいことへのチャレンジがなくなってしまいますから。そこは、新しい技術への挑戦をすることによって盛り返すか、あるいは、もうここはこれで十分となれば、グループ会社の中で、そういう安定したことを安定して継続するのが上手な会社に引き取ってもらっています。そういう意味では、グループの中で、楽しい仕事ばかりをやらせてもらっています。

斉藤　こうしてお聞きしていると、山本さんが仕事の中身までかなり見ていらっしゃるように感じるのですが、これだけの規模になると、扱っていらっしゃる案件の数もかなりあると思います。社長自ら、どれくらいの割合で、また、どれくらいの深さで、各案件にコミットされているのでしょうか？

山本　1年に一度、12月だけは自分でもコーディングしようかと思っているんですが、そこまでやるのは、1年に1ヶ月間くらいです。でも、ローデータのレベルでは、いわゆる基礎分析の段階で、サンプリングされたデータにしろ、データをざっと見て方針をアドヴァイスするとか、そういうことは、ほぼ全ての案件でやっています。

斉藤　それはすごいですね。それぞれの仕事を取ってくる段階から、楽しくやれるように配慮して、また、それぞれのデータも見ていらっしゃるというのは、この規模にまでなったらなかなかできないですよね。

山本　いや、でも、社員に聞いたら、「あいつ、そんなにできないですよ」とか言われそうですが。

斉藤　データサイエンティストの方々に話を聞くと、ワークスペースに対してこだわりを持っている人たちも多く、例えばパーテーションは高くないといけないとか、あるいは本棚で仕切って外から見えなくして、まるで秘密基地みたいになっているとかいう人たちもいます。あるいは会社の方で、突飛なというか、面白い共有スペースを作っているようなところもありますが、データアーティストさんでは、何か特別の配慮などなさっていることはありますか？

山本　モンゴルの方の事務所では、結果的にパーテーションは高くなっていますかね。あと、オフィスの中にモンゴル相撲の土俵があります。こちら（本社）の方では、特別なことはしていません。数学の何かの問題を考えるとなると、自分の中に深く沈んでいって考えることをしなくてはいけないので、そういう集中の可能な特別な環境が必要かもしれませんが、フィーチャー・エンジニアリング（特徴量作成）って、どちらかというと、知っていれば解決するようなものですよね。例えば、テレビの視聴率予測をしていて、なかなか当たらない時に、別の人が「天気を入れると、当たるようになりますよ」と教えてくれる。雨が降ったら、外に出ないからテレビを見るという、言われてみれば当たり前のことなんですが。そういう情報は共有するのが良いので、こちら（本社）の事務所では、みんないつもしゃべっています。そして、多くの人に聞いて欲しいことは、大きな声で話します。私も、「これはみんなに聞いて欲しいから、大きな声で話すね」と一言前置きしてから大きな声で話したりします。なので、オフィスは話し声が聞きやすくなっていて、集中したい時は、ヘッドホンをして仕事をしています。

斉藤　なるほど。そういう風に、各人のデスクを、まさに風通しを良くしているとしてですね、また別に話をしやすいようなミーティング・スペースを用意するとか、そういうことはなさっていないのでしょうか？　例えば、ある会社さんでは、オフィスの中に、モンゴルのゲルというか、あれほど大きくはないですが、大きめのドーム型のテントを張っていて、今日は気分を変えてミーティングしようとなると、そこで車座になって話をするとか、そういうことをなさっているそうですが。

山本　うちでもミーティング・スペース自体はありますが、工夫というと、オフィスの中にたくさんパイプ椅子を用意しています。思いついたら、そこで、パイプ椅子を出して話をするためです。こういう幼稚園や小学校でやってうまくいったようなことが、みんなができて、継続していけることというか。マックス値は高いんだけど、やることのハードルも高いみたいなことは、なんというか、民主主義じゃないなあと。みんながすぐにできることで、工夫をしていきたいと思っています。

斉藤　お忙しい中、ありがとうございました。最後にあった小学校のように、真似できるところも多かったのですが、なかなか真似ができそうにないことも多かったです。どうもありがとうございました。

■インタビュー②　DeNA・山田部長（2018年3月26日）

ＤeＮＡはよく知られているように、Kaggle募集をしていて、Kaggleのランキングを一つの資格として、採用へ応募することができます。採用後もKaggleのランキングや獲得のメダルによって、就業時間中にKaggleコンペに費やせる時間が決まります。つまり、Kaggleで良い成績をとると、給与をもらいながらコンペに参加できるのです（158頁 コラム2参照）。そんな夢のような職場で、多くのデータサイエンティストをマネジメントしていらっしゃるのが山田部長です。

斉藤　ＤeＮＡでは最近、新たにＡＩシステム部という組織を作り、そこに先端のＡＩについて研究して業務に活用することにチャレンジするリサーチ部門、実際の課題を高度な機械学習のノウハウを使って解決していくデータサイエンス部門、こうした研究や課題解決を実装するためのＡＩエンジニアリング部門の3部門を展開・統括するようになったそうですが、そもそもＤeＮＡさんはデータ分析をする専門組織というのを、以前からお持ちだったんでしょうか？

山田　はい。データ分析の組織ということであれば、２０１０年頃から社内にありました。

斉藤　そんなに早くから機械学習なりを使った課題解決を行っていらっしゃったんですか。

山田　いえ、当時のデータ分析組織には、確かに機械学習をやっていた人間もいたのですが、現場からのニーズはそちら方面にはあまりありませんでした。いくら機械学習についての知見が深く、優秀なデータサイエンティストであっても、ゲームに関心がないと業務部門とうまくコミュニケーションを取ることができません。反対に、技術的には稚拙で、たかだか集計レベルのことをやっているに過ぎなくても、ゲームをやり込んでいて、課題を上手に見つけてそれを意思決定層に説明できるような人の方が重宝されたのです。

斉藤　すると現在のＡＩシステム部に属する方々も、みなさん、そうした業務的知識というか、ビジネス的観点をお持ちなんでしょうか？

山田　個々にはそうした人材もいますが、現在のＡＩシステム部では、そこを必要条件とはしていません。従来のデータ分析人材は、各事業ドメインに対応する形で継続して活躍しています。ＡＩシステム部は、そうした業務と密接な関係を持つデータ分析人材の存在を前提に、データ活用の成果をさらに発展させるために作られています。サービスを理解する分析官を育てることが２０１０年から継続して重要視しているテーマであり、それが出来上がってきたからこそ、それを上積みする形で、今の機械学習やＡＩ技術の新しい成果を付加することが可能になっています。

斉藤　多くの企業では、名前だけＡＩとか機械学習とか言うものだから、画像とかそういう新しいものもやらなければならないが、自社の足元の状況を見ると、ちゃんとデータでビジネス上の意思決定ができるためのデータ基盤を整備することから始めなくてはいけないとかで、２つに引き裂かれているような状態で、だからこそ多くの企業の担当者はＤｅＮＡさんを羨ましく思うのでしょう。

山田　おっしゃる通りで、この2つは全く違うもので一緒にしてはいけないです。この観点が課題になるかどうかは、提供しているサービスの特性にもよるもので、サービスに必要な技術が明確であればその領域の専門人材を雇えば良い。例えば、映像解析が必要な状況であれば、映像解析を専門とするＡＩ人材を採用すれば良いし、ビジネス上広告の最適化が重要であれば、その知見のあるＡＩ人材を採用するのが良いです。ただ、多くの場合、課題自体もふわふわした段階のことが多いです。その場合、課題を適切に整理した上で、どういうデータを集めるべきかや集めたデータで何を分析するかのデータ設計や分析設計をできる人が一番最初に重要で、その人材が育っていないとＡＩ活用は厳しいです。そのために必要な人材にＡＩの専門性は必要ではなく、エンジニアでなくても良いです。ただ、エンジニアでなくて良いとは言っても、データに対する拒絶感がない、ＳＱＬを書くのが苦にならないというレベルは必要です。そのようなビジネス系データアナリストがまずは重要になります。

ベースとしてＳＱＬは書けます、簡単な集計はできます、それを前提とした上で、データ分析におけるビジネス提案力を育てていくという流れで人材を育成していきます。当初、こういうビジネス系のデータアナリストを横断組織に集約していましたが、事業の理解が浅くなってしまう課題が生まれるので、一定規模を超えた場合は、事業部内の内部組織として、こうしたビジネス分析をやるデータアナリスト組織を作るようにしています。

斉藤　そうした組織の上に、データサイエンスの3組織を積み上げたという形になっていると思うのですが、この新しい組織に属している人と、従来からのビジネス分析をやっている人とでは、かなり違ったタイプでしょうし、また、新しい3組織も、先端の機械学習に特化した人から、エンジニア寄りの人、さらにはトップKagglerたちまでいるとなると、これまでとは異なったご苦労とか、こういう問題がよく起きるのだけれど経験上こうやって解決しているとか、そういう工夫はいかがでしょう？

山田　そもそも部門としては、事業に対してどういう貢献ができているかを第一義に評価すると言っています。研究開発に強みのある人材であっても、技術や論文を最初に評価することはないです。優秀なKagglerを集めていますけど、いくらKaggleで良い成績を出したとしても、事業に対してどういうアウトプットを出せているかが一番大事な評価だよ、という基本メッセージを出し続けていますね。

まず最初に事業貢献があって、その後に一人一人のキャリア支援だったり、技術的な成長、Kaggleサポートがあります。自己実現のみに偏重することのないように組織運営することは大事にしていますね。

また、実際の仕事では、本来は専門性の生きる機械学習モデル開発にアサインしたいが、プロジェクト状況的にどうしてもより広い業務範囲であるデータ分析、前処理、運用などに関わることがあります。その場合も、本来あるべき役割分担というのをお互い理解した上で、短期的にはプロジェクト成功のために何をすべきかを議論してアサインを決定します。チームのメンバーとして、プロジェクト成功にコミットするマインドを持ってもらうことを大事にしています。

斉藤　そういうマインドというのを採用面接の時から重視して選んでいらっしゃるとは思うのですが、かたや、データサイエンティストという人たちは、一癖も二癖もあるというか、なかなかバランスのとれた人はいないし、そうなれと言っても、なれない人も多いかと思うのですが、そういう人たちを束ねるご苦労というのはあるのでしょうか？

山田　前提として、ゴール像としてはなるべくそれぞれの人の強みが活かせるようなアサインを意識してはいます。だから、Kaggler には基本、エンジニアリングの専門性は求めていませんし、また、ＡＩのアルゴリズム開発には、ＡＩ研究開発エンジニアが専念できるようにします。ビジネス分析は、ビジネス系のデータアナリストに担当してもらいます。大原則は、Kaggler は機械学習のモデル構築に専念できるような、そういう体制を作ることを意識しながらプロジェクトを運営します。

現実的には理想通りのアサインをできないこともあるので、そこはプロジェクトメンバーとしてプロジェクト成功を最優先に考えてくれというメッセージを出し続けています。もちろん、その中で、なかなか手綱をしっかり握るのが難しい人もいるんですけど、とはいえ、部門メッセージとしてはブレさせないことが大事ですかね。

斉藤　メンバーにそのようなメッセージを出していくとして、新卒なり中途の人に、そこに加わってもらうために、何か魅力のようなものを用意しているということはあるのでしょうか？　いえ、最近色々な会社で、データサイエンティストが働きやすいように、オフィス空間を工夫するような事例を見ていまして、例えば、集中しやすいように各自のデスクをまるで秘密基地みたいにしているオフィスとか、休憩スペースに変わったソファを置いている会社とかがあって、そういう環境面の工夫というのはなさっているのでしょうか？

山田　うちの部門では、そういう環境の提供は行っていませんが、昔から週2日の在宅勤務を許可していて、実際に半数以上が定常的に在宅勤務を利用しています。また、仕事に使うコンピューターについては、どんなに高額だろうと、必要というものは購入しています。そういう方面で良い環境を準備していますが、オフィス環境での特別扱いはしていません。プロジェクトにおける事業部メンバーとの距離感も大事にしており、君たち特別だよ、という特別扱いは基本しないですし、そもそも研究者と呼んでもいません。変に選民意識みたいなものが生まれると、事業部メンバーと良好な関係を作るのも難しくなります。研究所にするつもりはないですし、会社内で特別扱いするつもりもありません。その代わりに、実際に仕事をする環境（ＰＣ）や、在宅でも可能な業務環境、あるいは給与面でしっかり満足させるという感じですかね。

斉藤　ある会社さんでは、オフィスを2つに分けて、ジャングルとサバンナと呼んで、データサイエンティストはジャングルに住まわせて、営業さんなんかをサバンナに配置しているんだそうです。どういうことかというと、データサイエンティストはとても優秀な人なんだけれども、生き物としてはひ弱で守ってあげなければいけないから、まあ、隠れ家というか、グリーンなんかを多く配置して、こもって仕事ができるようにするのだそうです。かたや営業領域は、パーテーションもないオープンな机で、いつも電話がなって、結構激しい調子の会話も交わされる、弱肉強食のサバンナとなっているというのです。この、守ってあげなければいけないひ弱なデータサイエンティストという視点についてはどう思われますか？

山田　その点については、オフィスの環境が大事というより、プロジェクトの進め方というか、体制の作り方の問題かなと思います。機械学習やデータサイエンスのことを全くわかっていない人とデータサイエンティストが直接コミュニケーションすることがないようにします。ビジネス系のデータアナリストがフロントに立って、その裏に機械学習の専門家であるデータサイエンティストたちがいる体制にすれば、データサイエンティストがコミュニケーションする相手は、データサイエンスの活用方法をある程度わかる人たちなので、それが全然わからない営業さんとか事業部の押しの強い人とのコミュニケーションで疲弊することもなくなりますね。

斉藤　なるほど。そういうところで、デリケートな人材〔いわば、希少生物〕を守っていらっしゃるわけですね。今日はお忙しいところ、お話を伺う機会をいただき、まことにありがとうございました。

コラム2：DeNAにおけるKaggle社内ランク制度

DeNAのAIシステム部のデータサイエンスチームでは、採用の際にもKaggleの成績が大きな影響力を持っていますが、入社してからも、Kaggle社内ランク制度というものがあり、Kaggleで優秀な成績を上げると、業務時間内にKaggleへ参加することが認められています。

下図の通り、採用時のKaggleのランクによって、まず初年度のKaggle参加率が認められ、翌年以降は社内ランクの更新条件によって参加率が決定される仕組みになっています。

こうして、データサイエンティストたちのモチベーションを確保しながら、日々の精進を必須とすることにより、彼ら・彼女らのスキルを維持・向上させています。

（出所：https://dena.ai/kaggle/）

■インタビュー③　分析屋・廣川社長（2018年5月18日）

株式会社分析屋は、廣川社長（インタビュー当時）が創業して10年にも満たない間に従業員数が１００名近くになった急成長を遂げているとても活きの良い会社です。初めて分析屋の方とお会いすると、真っ先に驚くのは、その名刺の肩書です。一般的には、名刺の肩書というと、「課長」とか「部長」とか、あるいはカタカナで「グループ・リーダー」や「チーフ・マネージャー」などの呼称が用いられると思うのですが、分析屋の名刺には、「大将」とか「剣豪」「侍頭」という、これまでに見たことも聞いたこともない役職名が書かれているのです。

廣川氏にお話を伺ったのは２０１８年5月ですが、その後、廣川氏は「データによって日本を元気にする」ための第2ステージに進むべく、２０２０年1月に会社を売却し、「おしんツアーズ」という会社を設立して、データ活用によるインバウンド事業の活性化に挑まれています（https://www.oshintours.jp）。

株式会社分析屋のほうは、生え抜きの武将で、まさに大きな「大将」である溝口大作さんが率いて、活力ある会社を一層発展させ、より良い未来を作るための意思決定支援に活躍されています。

斉藤　分析屋さんの社員と初めてお会いすると、やっぱりびっくりするのが、あの名刺の役職名なんですが、分析屋さんのあの役職名というのはどんな風になっているんでしょうか？

廣川　この名称は、いわば職種とランクによって決められる役職名です。うちには言ってみれば、3＋1種類の職種があります。1つは、侍から始まって、侍頭、武将、大将と上がっていく「将」という職種です。これは、お客様に対する技術サービスの業務の他に、部下やプロジェクトのマネジメントといった組織運営のために必要なこともやり、ゆくゆくは会社の経営やコンサルタントとして活躍していただく職です。これに対して、「剣」という職種があります。これはいわば専門職です。分析やあるいはエンジニアリングの、その分野を極めたいが、部下やプロジェクト、経営その他には興味がないという人のための職種で、剣客から始まって、剣士、剣豪、剣聖と上がっていきます。ゆくゆくは新しい分析モデルの発明やロジックを考えてもらえたらと思っています。最後に「武士」という職があります。これは、主にお客様のもとに常駐して、お客様の様々なご要望にお応えするという職種です。この「武士」にはランクはなく、お客様からいただける「単価」による違いだけがあります。こうしたメインの3職種に加えて、うちの会社では4番目の職種として時短社員という職種を設けています。これは、将、剣、武士、それぞれの職種にいながら、勤務時間を短くしたいという方のための職種です。

斉藤　なるほど、そういう分け方になっているんですか。それは入社の時にその3分類のどれかに配属になるということでしょうか？

廣川　入社の面接の時に適性を見て、内定を出すあたりで、「こういう職種があるんだけど」と説明して採用をしています。

斉藤　一度、どれかの職種に就いた後で、横の変更というか、武士から将になったりとかはできるのでしょうか？

廣川　はい。新しい職種への適性が認められるかということも大事なのですが、あくまで本人にその気があることを一番重視しています。

斉藤　と言うと、入社の段階から、経営に関心がある人と、そうでない人を分けて、それぞれのキャリア・パスを引いているということなのだと思うのですが、そもそも、こういうことをお考えになったのには、どういう経緯があったのでしょうか？

廣川　うちも、最初は将だけというか、剣とか武士のような職種はなかったんです。誰もが経営にも関心を持ち、技術提供だけでなく、自社の会社経営を考える事で経営ノウハウを学んでもらって、お客様へ技術提供だけでなく、問題解決のご提案もできるようになってもらうことを求めていました。でも、本人に興味がなければうまくいかないんですよね。うちの会社では、創業してからしばらくは社員全員強制的に統計や英語の研修を受けてもらっていました。当然その費用は全部、会社が持っていました。

ところが、こういう強制的な研修というのは効果がないことがわかりました。外から見て、「彼にはこういうスキルが必要だろう」とわかっていても、本人にその気がないと全く効果がないんです。それは私自身のことを振り返ってみても、そりゃそうだよなあと思いました。二十代の頃の自分なんて、スロットやって女の子と遊ぶのが大事で、仕事なんて、できればやりたくありませんでした。そんな時に、どんな成長のチャンスをもらっても、うざったいだけで全く興味がわきませんでした。それが、ある時本当に好きな人ができて、家族を持って、この人たちを守っていきたい、そのためにしっかり仕事をしたいと思うようになって、初めてそういう学びに興味を持ちだすのであって、まだ遊びたい盛りの若い方々には何をやってもダメなんじゃないかなあと思います。

斉藤　それじゃあ、創業当初の研修支援制度というのは？

廣川　最近は、自分でやりたいという人の支援をするようにして、社員全員にやらせるとか、そういうことはしていません。それと同じく、経営のことなんて考えたくないという人に、無理やりそれをやらせようとしても、うまくいきません。そこは諦めることが大事です。諦めずに変な期待をしてその期待に応えてもらえないと、フラストレーションを溜めてしまうので、期待をしない、その代わりに、業務の方で頑張ってくれれば良いと考えて、武士を作りました。

斉藤　なるほど。そして、次に剣を作ったというわけですね。

廣川　はい。自分の専門のことはやっていきたいけれど、それ以外はやりたくないという人には、専門のことを頑張ってやっていくことによって、ランクが上がるというか、役職が上がるようなルートを作りました。

斉藤　でも、本人が成長するというか、そういうことがあると、別の職種に移動することも？

廣川　はい。私がそうだったように、若い頃に、スロットと女の子にしか興味のなかったような人間でも、年をとってくると考え方が変わります。1年後の収入を増やすために転職活動をするのか、それとも生涯年収を増やすために、今いる会社をどう良くするのかを考えるのか。それはもう、本人の考え方なので、うちの会社では、本人が一番求めているものを提供するようにしています。

斉藤　そうすると、時短勤務の方というのは？

廣川　はい。時短勤務を選ぶ方にとって、一番大事なのは「時間」だと思います。だから、そういう方には、型通りの時短勤務ではなくて、その人にとって一番良い形というのを一緒に考えます。単に業務を終了して帰る時間が早いというだけでなく、在宅勤務が可能な仕組み、それは人事などの会社の仕組みもそうですが、クラウドのシステムを業務に取り入れるとか、そういうことも含めて、その人にとって一番重要な「時間」をどのように融通できるのかを考えるのです。

斉藤　クラウドのシステムというと、分析屋さんの時短勤務の方には事務方ばかりでなくて、実際にデータ分析業務に従事なさっている方もいらっしゃるんですか？

廣川　はい。時短勤務というと、経理とか総務とか、そういう業務を想像されることが多いかもしれませんし、実際、うちの経理の核となっている人も、時短勤務です。でも、分析業務を行っているチームの中で、非常に優秀な女性がいて、彼女は自分の家庭も大事にしたいし、仕事も大事にしたい。だから、会社の方で、両方できるような仕組みを考えたというわけです。

斉藤　そうやって、働いている方々みなさんの望むものを提供なさるというのが分析屋さんのマネジメントだということなんですね。

廣川　はい。ダイバーシティ・マネジメントというか、最近の働き方改革を少し早めに始めていたのかなあと思います。お金が欲しい人には仕事を、やりがいが欲しい人には選択肢を、仲間が欲しい人には機会を、自由が欲しい人には責任を、そして時間が必要な人には時間を提供するということで、従業員各人に合わせた働き方を提供できるように努力しています。

斉藤　なるほど、だから職種というかキャリア・パスも3種類用意されているわけなんですね。確かにダイバーシティ・マネジメントですね。

廣川　そうやってカタカナで呼ぶとなんか真新しいのですが、これは昔から日本の先人がやってきたことなんです。

斉藤　先人？

廣川　後北条氏はご存じでしょうか？　秀吉に滅ぼされるまで南関東を支配していた戦国大名で、その二代目で初代の北条早雲公から受け継いだ領土を大きく広げた氏綱公という大名がいました。その氏綱公が領国経営のモットーとしていたのが「禄寿応穏」という言葉なんです。

斉藤　いや。でもなんで、北条？

廣川　うちの会社は開業以来、藤沢にありまして、藤沢市には大変お世話になっています。自分自身も藤沢に住んでいますので、郷里の偉人ということで、北条氏綱公の言葉を選んでいます。

斉藤　はい。では、その「禄寿応穏」の意味とは何なのでしょう？

廣川　「禄寿応穏」の「禄」とは民の富のことで、「寿」は民の健康、「応穏」は常に安定しているということを意味していて、全体で、民が豊かで健康であれば、領地は平穏であるということです。つまり、主君が領民の生活を守ることによって領民は国に尽くし、一揆など起こらないということなのですが、これを現代の会社に応用すれば、それぞれの従業員の望むことの実現を会社が支援することにより、会社と従業員の信頼関係が生まれ、従業員達が活き活きと働くようになるのです。

斉藤　なるほど、それで分析屋の人たちは、楽しそうに働いているんですね。分析屋さんの横の組織というか、職種の違いについてはわかってきたのですが、同じ「将」でも、侍から侍頭、武将、大将への上下の変化というか、それこそ「出世」というのは、どういうように評価されて上に行くのでしょうか？

廣川　侍は、入社してすぐに就く役職で、とにかく一所懸命にやるという段階ですね。侍頭は、そうした侍を束ねる役で、考えるのが役目です。何か問題があった場合に、それを解決できるかどうかは別として、とにかく考える。武将になると、実際に問題を解決することが求められます。よその会社の課長職ということになるでしょうか。最後の大将ですが、物事には正解が一つなんてことはなくて、色々な問題の解決方法があるでしょう。そうした場合に、一つの解決を選択する、こっちの方向へ行くんだと決める役割、それが大将で、いわば部長職に当たります。

斉藤　なるほど、役職のそれぞれって、そういうように決まっていたんですね。では、分析屋さんの場合、上に行くためにはどうするんでしょう？　何か研修制度や試験のようなものがあるのでしょうか？

廣川　試験とか特別な研修みたいなものは、うちにはないですね。それよりも360度評価に近い感じの評価制度があり、最終的には上司からも部下達からも慕われて出世していただくようになっています。

斉藤　それはつまり、マネジメントする人に評価されたから、社内に広まったということなんですか？

廣川　それも一面でしょうが、もう一つはうちの会社の原理原則というか、仕事をするときの心構えとしての「おもてなしの心」という考え方があると思います。

斉藤　「おもてなし」というと、お客様をもてなす、「カスタマー・ファースト」ということでしょうか。

廣川　はい。そのおもてなしをお客様だけでなく、一緒に働く仲間にも提供してくれた社員が周りから感謝されて出世するような感じです。また、「おもてなし」という言葉については、まずは言葉が気に入って、うちの会社は「おもてなし」でいくぞ、と言っていたのですが、社員達のツッコミというんでしょうか、「おもてなしって何ですか？」「分析屋のおもてなしってどういうことですか？」という投げかけに答えようとする中で、自分の浅はかさを思い知らされたというか、社員のみんなに勉強させてもらったように思います。今では、おもてなしとは、「相手に合わせてメリットを与える」というように定義が変わってきました。この相手というのは、お客様の場合もあれば、部下の場合、上司の場合もあるし、会社の場合もあります。仕事をしているときの、自分以外の人の全てに対して、その人たちに合わせたメリットを提供することが、僕らのおもてなしということです。

斉藤　なるほど。

廣川　スリー・ステップで考えると、最初は相手のメリットは何かを調べ、考えることです。次に、それらのメリットのうち、自分が提供できるのは何かを考えて、できることを実行することです。相手のメリットをなんでも実行できる人がいたら、それは素晴らしいのですが、私たち凡人にはなかなかそれはできません。だから、できないことは断ることが必要です。できないことを引き受けて、自分が潰れてしまったら、結局、相手のメリットも潰すことになってしまうからです。相手のメリットを考えて、できると信じてやってみて、失敗することもあるでしょう。でも、僕たちは、それを失敗とは捉えません。大事なことは次を考えること、これが最後のステップです。失敗した原因がスキル不足なのであれば、そのスキルを鍛えることを課題とします。相手のメリットのリサーチ不足だったのであれば、そこを頑張るようにする。次に繋がるのであれば、相手にメリットを提供しようとして起きた失敗はマイナスではないからです。

斉藤　すると、分析屋さんのダイバーシティは、働く人それぞれに合わせたメリットを提供するということなんですね。

廣川　はい。だから、僕たちは、女性や外国人をたくさん雇うことだけをダイバーシティだとは考えていません。お金が必要な人に仕事を、自由が必要な人に責任をと、そういう機会を提供するのがダイバーシティであり、外国人とか性別とかは関係ないと思っています。外国人だろうが、日本人だろうが、お金が必要な人はいるし、仲間を必要としている人も、自由を欲している人もいます。大事なのは、相手が必要としているメリットを提供するかどうかだと思います。

斉藤　その「自由を欲している人には責任を」というのは、秀逸だと思います。分析屋さんはこの「おもてなしの心」が対お客様に限らず、社内の至るところに行き渡っていて、それがダイバーシティ・マネジメントにも繋がっているというわけなんですね。

廣川　まあ、普通の意味でのダイバーシティといえば、うちにも外国籍の人は2人いるんですけどね。

斉藤　そのおふたりは、やはりデータ分析系なのですか？　それとも会社のバックエンド系のお仕事をなさっているんでしょうか。

廣川　これがまた独自の仕事というか、分析の仕事だけで、これから10年、20年と生き残っていくのは難しいと考えていますので、得意な専門領域を作る必要があります。その専門領域を考える時に出発点としたのが、日本が国として元気になることです。一企業がちょっと儲けたってたかが知れていますが、国に元気がなくなったら、それこそ大ごとです。そこで、データ分析で日本を元気にすると考えた時に、重要だと思ったのが観光と貿易です。分析屋では、この２つについて、実際に事業を展開して、データ分析だけでなく、この世界のノウハウを身につけようと活動しています。そうすることによって、この分野についてはデータ分析に基づいた、しかも現場のノウハウがわかるコンサルティングができるようになると考えているからです。こちらの事業はまだまだこれからですが、分析屋の目標はデータ分析で日本を元気にすることなので、これからも頑張っていきたいと思います。

斉藤　お忙しい中、今日はどうもありがとうございました。大変、参考になりました。

第4章　これからどうなっていくのか

データサイエンスとかデータサイエンティストというものが大きく喧伝されるようになったのは、２０１２年の暮、あるいは２０１３年の初め頃だったと記憶しています。２０１２年の冬に「データサイエンティストは21世紀で一番セクシーな職業だ」というフレーズが大きく取り上げられました。データサイエンスと対になるように「ビッグデータ」という言葉も大きく取り上げられるようになりました。

最初に述べたように、こうした言葉の一人歩きに、「また、いつものBuzzwordか」と感じた方も多かったかもしれません。他方で、この流れに今度乗り遅れたら、日本社会は、「失われた10年」どころか、「失われた国」になってしまうと危機感を抱いた人もいました。そうした人々が集まって、一般社団法人データサイエンティスト協会が生まれました。以来、協会のメンバーたちは、様々なところでデータサイエンスの啓蒙活動などを行うとともに、各方面に対して、データサイエンス人材育成の必要性を説いて回りました。

その結果かどうかはわかりませんが、最近文部科学省でも、全ての大学生はデータサイエンスの基礎教養を身につけること、大学によってはデータサイエンスを実践的に応用する力を身につけた学生を育成することが要請されるようになりました。そのためのカリキュラムの整備なども開始されています。

まだご存じない方も多いかと思いますので、内閣府の発表を引用してみます（以下、２０２０年

３月「「数理・データサイエンス・ＡＩ教育プログラム認定制度（リテラシーレベル）」の創設について」より）。

まず、これからの教育について、次のように述べています。「デジタル社会の基礎知識（いわゆる「読み・書き・そろばん」的な素養）である「数理・データサイエンス・ＡＩ」に関する知識・技能、新たな社会の在り方や製品・サービスをデザインするために必要な基礎力など、持続可能な社会の創り手として必要な力を全ての国民が育み、社会のあらゆる分野で人材が活躍することを目指す」。

そのために、２０２５年を目処に、「全ての高等学校卒業生が、「理数・データサイエンス・ＡＩ」に関する基礎的なリテラシーを習得。また、新たな社会の在り方や製品・サービスのデザイン等に向けた問題発見・解決学習の体験等を通じた創造性の涵養」、これを実現するというのです。何を目標にするのかというと、次の４つが挙げられています。

- データサイエンス・ＡＩを理解し、各専門分野で応用できる人材を育成（約25万人／年）
- データサイエンス・ＡＩを駆使してイノベーションを創出し、世界で活躍できるレベルの人材の発掘・育成（約２０００人／年、そのうちトップクラス約１００人／年）
- 数理・データサイエンス・ＡＩを育むリカレント教育を多くの社会人（約１００万人／年）に実施（女性の社会参加を促進するリカレント教育を含む）
- 留学生がデータサイエンス・ＡＩなどを学ぶ機会を促進

より具体的には以下の数値目標が設定されました。

- 文理を問わず、全ての大学・高専生（約50万人卒／年）が、課程にて初級レベルの数理・データサイエンス・AIを習得
- 文理を問わず、一定規模の大学・高専生（約25万人卒／年）が自らの専門分野への数理・データサイエンス・AIの応用基礎力を習得
- 大学・高専の卒業単位として認められる数理・データサイエンス・AI教育のうち、優れた教育プログラムを政府が認定する制度を構築、普及促進

ですから、5年後には、大学を卒業する人の多くはデータサイエンスを身につけ、それを実務で使用するようになるでしょう。

教育だけにとどまらず、一見、データサイエンスと無縁に思えるような領域でも、データサイエンスを使うことが「当たり前」になると思われます。

定期的に（というより、ほぼ毎日）繰り返される同じような手間作業をもう人手をかけてやりたくないということで、最近注目を浴びているRPA（Robotics Process Automation：定型的な作業はロボットにやらせるということ）ですが、そうしたニーズはオフィス・ワークに限られたものではありません。農業の現場には、田んぼの水位管理なんていう仕事もあります。農業現場は高齢化しています。水位の確認のために、何枚もある田んぼの全部を見回るのは大変です。そこで、センサーや画

像解析の技術を利用して、スマホに田んぼの水位や水温を表示するようなアプリが開発されています。（2、3年前には市販のカメラを設置して画像解析し、水位をスマホに知らせるようなアプリを実験的に作る人がいたという段階だったのが、今ではより安価な製品が多くの会社から提供されるまでに発展しています。）

最近ではドローンを飛ばして畑の様子を写真に撮影し、それを画像解析することによって、作物の成長具合や出来高を見て、見回りなどに費やす労力を減らすソリューションも登場しています。

また、漁業でもデータサイエンスを活用した栽培漁業が進展しています。養殖魚を常に供給するためには、稚魚を1年中違う時期に生簀に放して養育する必要があります。すると、今は稚魚の段階から何ヶ月たったからどれくらいの大きさになっているという時間軸による管理はできず、養魚の大きさを測る必要があります。そうすることによって、餌の量を調整して出荷時期にあわせて育てるのです。しかし、この大きさを測るというのが難題だと言います。直接魚をすくってしまうと、背びれの棘がささっていっしょにすくった魚をきずつけることがあるのだそうです。そこで、魚に触らないで大きさを測るという課題が生じます。それに見事に応えたのが画像処理による計測です。これを使うことによって、大きさ（体長）を推定し、さらには魚種ごとに大きさから重さを推定するモデルを作って、魚の出荷用の重さを計測しているのだそうです。

1次産業にまでこれほどデータサイエンスが浸透しているのですから、2次・3次産業においては言うまでもありません。生産現場では生産するものについてデータサイエンスが使われています。昔から有名なのは製鉄所で高炉から溶けた鉄を流すタイミングです。それまで長年の経験を持つ職人の勘ではかっていたタイミングをセンサーデータを使って調整するようになりました。また、生産の現場、工場自体もデータサイエンスで効率化されています。工場は一瞬でも止まると損害は甚大ですから、何か故障が起きる前に手当をすることが重要です。そこで、部品が壊れるタイミングを予測して、壊れる前に交換するということが行われています。ものづくりの根幹がデータサイエンスなしには成り立たないようになっているのです。

これからもデータサイエンスの重要性は決して減ることはないでしょう。生産現場にいまだに残っている、多くの「できればやりたくない」仕事は、次第に人間のやるものではなくなるでしょう。それは人間から仕事を奪うことではなく、人間を助けることです。ですから、人間をより多く助ける仕事から先に人間の手をはなれることになるでしょう。

私たちの生活に密接な小売の場では、どこを見渡してもデータサイエンスの影響の及んでいないところを見つける方が難しいくらいです。オンライン販売はもとより、実店舗における販売や飲食業においても、データサイエンスが事業の根幹を支えるようになってきています。１００年の伝統を誇る老舗ゑびやがＡＩを使って業績を拡大してきただけでなく、そのノウハウを同じ飲食業に横展開しているという事例は、みなさんもご存じなのではないでしょうか。

このような事業のデータサイエンス化は、今、データサイエンスに関わっていない領域にもどんどん拡大していくでしょう。その兆しは、データサイエンスの使われ方に表れてきていると思います。これまでは、新しい技術を使うために、「どこにこの技術が使えるのか」という、いわばベンダー視点からの事例が多かったように思いますが、最近の事例は、むしろ「こういうことをしたいのだけれど、どうやったらできるだろう」という現場からのニーズに、技術としてデータサイエンスが使われていると言えるようなものが多いです。

データサイエンスが「コモディティ」化し始めたと言えるでしょう。１９９０年代の初めには、まだインターネットが商用利用に開放されておらず、ようやく商用利用が認められた頃、Windows 95が発売され、市民生活にコンピューターとインターネットが急速に入り始めました。その頃は、新しい技術であるインターネットをどのように活用するのかということが盛んに議論され、技術ありきのビジネスモデルが、それこそ様々に提案されました。

今では状況はまったく違っています。インターネットは当たり前の生活基盤となっています。私たちは何かビジネスを始めたくなったら、オフィスに電気、水道、ガスなどの契約をする、その一環としてインターネットも契約します。ビジネスを行うにあたって様々なアプローチを考える、その一つのプラットフォームとしてインターネットの利用を考えますが、インターネットのためにビジネスを考えるわけではありません。

同じことがデータサイエンスでも始まっています。ディープラーニングが画像解析で目覚ましい成果を上げ、他方でAlphaGoがトップレベルの棋士に勝つようになった頃、それこそ多くのベンダーは「ディープラーニングの画像解析で何かできないか」「ディープラーニング技術を他に転用できないか」ということを考えてきました。しかし、今では、「全部の田んぼを回るのは大変だから、人が行かなくても田んぼの様子を監視することはできないか」とか、「魚の体長を測るのに、魚に触らなくてもよい手段はないか」という、具体的な課題が先にあって、それを解決するためにふさわしいデータサイエンス技術が選ばれる時代になっているのです。

荷物を運ぶのに、トラックによる陸路と飛行機による空路は、その時々の条件に応じて選ばれるように、データサイエンスの様々な技術もビジネスを支える基盤として、必要に応じて選ばれるようになるでしょう。しかし、その時に「データサイエンスを使わない」という選択肢はもう存在しないでしょう。それは、「全部の田んぼを回るのは大変だから、人が行かなくても田んぼの様子を監視することはできないか」と言う人に、「いや、運動した方が良いから歩いて見て回りましょう」と答えるようなものです。

このような未来像をお話しすると、「では、今私たちの会社では何をすべきなのか」とか、「データサイエンスが当たり前になる時代にそなえた人材育成はどうあるべきなのか」と、この流れに積極的に乗ろうとする人々がいる一方で、「5年後にそうなると決まっているのだったら、何もしないでじっとしていて、５年後を待てばよいではないか」とか、「今、人材育成を頑張らなくても、５年後の人材がみんなそうなるのなら、放っておけばよいのではないか」と、非常に受け身な人々もいます。

たしかに、放っておいても5年後には、世の中はデータサイエンスで動くようになります。それは確かです。そうであるということは、世の中の多くの会社はデータサイエンス化されるということなのですから、何もしないで「放っておいた」会社はどうなるでしょうか？　また、日本の多くの会社が「放っておく」ことを選んだら、日本はどうなってしまうのでしょうか？「放ってはおけない」ということは認識していただけるのではないでしょうか。

また、「放っておく」派の方の多くは、これまで述べてきた内容について、「他人事としては面白いけど、自分の会社ではあり得ない」とか、もっとご理解いただけない方の中には、「こんなに社員の好きなようにさせるなんてあり得ない。人間は、つらいこと、厳しいことを頑張ってこそ成長するのに、好きなことだけをさせるなんてことをしていたら、人間が堕落するだけだ。社員をダメにしてどうするんだ！」と憤っている方もいるかもしれません。あるいは、「確かにデータサイエンティストは希少生物とも言うべき人たちで、「好きなことをさせるしかない」んだろうけど、自分の会社はそういう会社ではないから、今まで通り、それぞれにこれまでのやり方で頑張ってもらおう」とか、「データサイエンティストが、こんなにデリケートでめんどくさい人たちだとは知らなかったけど、うちには無縁だから、安心した」とお考えの方もいるのではないでしょうか。

しかし、本当にそうでしょうか。あと5年もすれば、大学を卒業してくる人の多くがデータサイエンスの素養を身につけた、いわば「データサイエンティストの卵」となるのです。ということは、「自分の会社はデータサイエンスの会社じゃないから」と、他人事にすることはできません。先に述べたように、農業・漁業をはじめとして、ビジネスのほぼ全ての分野がデータサイエンスと無縁でいることはできません。そういう意味では、会社という会社はデータサイエンスに関わることとなり、若手の社員のほとんどが「データサイエンティストの卵」になります。

そうなると、多くの若手社員は、「大変デリケートで、めんどくさい」人たちになるのです。5年後をイメージしてください。この変化は一度に起きるわけではありません。5年後に急に黒船が来るというわけではないのです。もうすでに変わり始めている世界が、逆戻りなどせず、一直線に5年後の世界に向かうということなので、明日定年を迎えるという人でもなければ、逃れようはありません。どこに向かっているかはすでに明白です。それならば、激流にただ流されているよりも、その波に乗っていきませんか。流れの中にいたら、ただ立って止まっているだけでも、流れに抗することになってしまいます。それくらいなら、いっそ流れを楽しみ、波乗りしましょうよ。

これまでのように、号令をかければ一糸みだれぬ行進を見せてくれるような新人たちはもう入社してきません。入場行進しようと言っても、「どうして行進なんかしなくちゃいけないんですか?」とか、「開会式って何か意味あるんですか?」と返されて困惑したり、そんなあなたの話なんか聞かず、スマホばかりいじっている人がいたりするかもしれません。

しかし、そういう人たちもいったん仕事を始めれば、データを収集し、的確に整理して可視化した上で、チームのみんなで情報を共有し解決策を考え出したら翌日にはプロトタイプを作ってシステム開発担当と打ち合わせをしているような、そんな優れた働きをする人たちなのかもしれません。

昔、ラグビーのフランス代表がもっと強かった頃、フィフティーンは整列ができないことでも有名でした。試合前に対戦チームが顔を合わせるときに、フランス代表はおしゃべりしたり、よそ見をしていたりで、ちっとも整列できないのです。しかし、ひとたび試合が始まると、個人の力もすごいのですが、整列もできなかった選手同士が目をみはるような連携を見せて、すぐれた個人の力が何倍にもなる、とても強いチームだったそうです。

整列できなくったって良いじゃありませんか。選手は試合をしに来ているのであって、整列しに来ているわけではありません。入場行進や整列が好きなのは、実は一番高いところに座っている人たちだけで、観客の多くは大して好きではないのかもしれません。それよりも、良いプレー、良い試合を見ることの方がずっとうれしいのだと思います。

やることが決まっている、犬ぞりの運送のようなことであれば、整列や行進が得意な人が向いていると思うのですが、これからのビジネスは、その変化のスピードの速さ、新しいことの連続が、いわば「どこへ転がるかわからないラグビーボール」のようなものであり、一瞬一瞬の判断を下して、的確なアクションを選択できるような人に向いていて、整列や行進ばかりが得意な人には向いていないでしょう。多くの異なった個性が集まって、その時々で良いものを選択していく、そうした多様性のあるチームを率いていくのが、みなさんの仕事となるのです。

号令をかけて終わりではなく、一癖も二癖もある、色々な個性を持った人たちといっしょに、右へ行っているのだか左へ行っているのだかはわからないけれど、とにかく進んでいるんだということだけはわかる、そんな状況を楽しんでみませんか。彼ら・彼女らそれぞれの特徴を見出し、それを活かすことによって、チームの力は何倍にもなります。それは、大変だけれどもやりがいのある、とてもクリエイティブなことだと思います。

あなたがマネジメントするみんなにクリエイティブな仕事をしてもらうという、とてもクリエイティブな仕事をしていきませんか？

あとがき

最後までお読みいただき、ありがとうございます。書き始めたのは2018年の秋で、翌年には出版できるかと思っていたのですが、2019年7月に肺がんが発見され、夏から秋にかけて治療と手術で、大分病院暮らしをすることになり、インタビューにご協力いただいた皆様にも、大変ご迷惑をおかけしました。

やっとここまでたどり着きましたが、途中、勤め先も変えることになりました。私も2020年3月で還暦を迎えたので、確かにそろそろ自分のいく末を見つめる年齢ではあったのですが、まだまだ元気に、それこそバリバリと仕事をしていくつもりでいました。しかし、「あと何年」と指をおるようになると、自分の力を一点に凝集せざるを得ません。これまでのように、「あれも」「これも」はできなくなりました。これまた、各方面に多大なご迷惑をおかけしながら、教育分野に集中することとして、電気通信大学でデータサイエンス教育に従事するという選択をしました。

新しい環境にも慣れ、そろそろ本書の執筆を再開しようとした矢先、コロナ禍で、テレワークを余儀なくされました。未だ治療継続中の身としては、かえってよかったのかもしれませんが、それ以上に、世の中の変化が加速しているこのタイミングに居合わせたことに深い感慨を覚えます。

昔、民間企業でデータサイエンスのプロジェクトのマネージャーをしていた時のことです。お客様の要求に応えるには、社内の技術だけではどうにも間に合いそうもないことに気がつきました。担当の若手社員には申し訳ないなあと思いつつ、社外の技術を調査して、それを買ってくればなんとかなるという算段までこぎつけました。そうしたら、その担当の若者が「斉藤さん、このあいだの問題、こんなふうにして解決しました」と報告してくるではありませんか。報告を聞いてみると、課題をとてもスマートに解決して、お客様の要望にも十分に応えることができていました。その時に思ったのです。私たち年寄りは、万が一の時の対応の準備だけしていればよくて、若者にまかせておけば、うまくいくのだと。未来は若者たちが作っていきます。私たちができることは、若者が活躍できるように環境を整備したり、最低限、邪魔をしないことくらいなんだと思います。マネジメント層の皆様が、上手に若者たちの能力を引き出し、飛躍していくことを支援する活動をしていただき、皆様の会社やひいては日本社会が発展していきますように。そのまた支援に本書がなれば、望外の喜びです。

2020年10月

斉藤　史朗

■著 者■

斉藤 史朗（さいとう しろう）

1960 年生まれ。

1983 年，東京大学法学部卒業。舞台やイベントの企画・デザインに従事。

1995 年，「ディスプレイデザイン賞」入選。

2001 年，金融エンジニアリング・グループ入社。データ分析コンサルタントとして活動。アナリティクス・ラボ室長。

2017 年 7 月，ブレインパッドに転職。エバンジェリストとして活動。

2018 年，東京大学人文社会系大学院にて社会学博士の学位取得。

2019 年 8 月より一般社団法人データサイエンティスト協会事務局長。

2019 年 11 月より国立大学法人電気通信大学の特任教授としてデータサイエンス教育に従事，現在に至る。

著書・翻訳書 :「データマイニング手法 ＜予測・スコアリング編＞」（共訳，海文堂出版），「データマイニング手法 ＜探索的知識発見編＞」（共訳，海文堂出版），「マスタリング・データマイニング ＜理論編＞」（共訳，海文堂出版），「マスタリング・データマイニング ＜事例編＞」（共訳，海文堂出版），「昭和日本の家と政治」（単著，弘文堂）

イラスト : **渋谷 清道**（しぶや きよみち）

美術家。東京藝術大学日本画科卒業。

2004 年，「六本木クロッシング」（森美術館，東京），「オフィシーナ・アジア」（ボローニャ近代美術館，イタリア），「ペーパー」（エミリーツィングゥ，ロンドン）に出品。

以下の個展を開催。

2003 年 「OOPARTS」，Gallery Side 2，東京

2006 年 「いばら姫」，Gallery Side 2，東京

2012 年 「あなたは、どっち？」，アートフロントギャラリー，東京

2012-13 年 「並行世界」，トラウマリス，東京

2014 年 「決して開けてはいけないよ。」，アートフロントギャラリー，東京

ISBN978-4-303-72456-6

データサイエンティストの育て方

2020年12月10日　初版発行

著　者　斉藤史朗　　検印省略
発行者　岡田雄希
発行所　海文堂出版株式会社
　本社　東京都文京区水道2-5-4（〒112-0005）
　　電話 03（3815）3291㈹　FAX 03（3815）3953
　　http://www.kaibundo.jp/
　支社　神戸市中央区元町通3-5-10（〒650-0022）
日本書籍出版協会会員・工学書協会会員・自然科学書協会会員

PRINTED IN JAPAN　　印刷　東光整版印刷／製本　誠製本

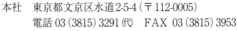